MINISTÈRE DE L'INSTRUCTION PUBLIQUE, DES BEAUX-ARTS ET DES CULTES

CATALOGUE DES MANUSCRITS

DE LA BIBLIOTHÈQUE

DU CHAPITRE DE BAYEUX

PAR

L'Abbé E. DESLANDES

CURÉ DE ROBEHOMME

MEMBRE DE LA SOCIÉTÉ DES ANTIQUAIRES DE NORMANDIE

PARIS

TYPOGRAPHIE DE E. PLON, NOURRIT ET Cie

8, RUE GARANCIÈRE

1889

CATALOGUE DES MANUSCRITS

DE LA BIBLIOTHÈQUE

DU CHAPITRE DE BAYEUX

(Extrait du *Catalogue général des manuscrits des Bibliothèques publiques de France, Départements, tome X.*)

MINISTÈRE DE L'INSTRUCTION PUBLIQUE, DES BEAUX-ARTS ET DES CULTES

CATALOGUE DES MANUSCRITS

DE LA BIBLIOTHÈQUE

DU CHAPITRE DE BAYEUX

PAR

L'Abbé E. DESLANDES

CURÉ DE ROBEHOMME

MEMBRE DE LA SOCIÉTÉ DES ANTIQUAIRES DE NORMANDIE

PARIS

TYPOGRAPHIE DE E. PLON, NOURRIT ET Cⁱᵉ

8, RUE GARANCIÈRE

1889

MANUSCRITS

DE LA BIBLIOTHÈQUE

DU CHAPITRE DE BAYEUX

On peut faire remonter au XIIe siècle l'histoire de la collection de manuscrits que possède aujourd'hui le chapitre de Bayeux. Vers 1162, Philippe de Harcourt, évêque de Bayeux, voulant se retirer dans la solitude, choisit la célèbre abbaye du Bec. Déjà, il y avait envoyé cent quarante volumes de sa bibliothèque [1], lorsque la mort vint le surprendre avant son départ; il mourut à Bayeux le 7 février 1163. Il est probable que ce prélat, si zélé pour la science et les belles-lettres, avait aussi fait, dans le partage de sa bibliothèque, la part de son église de Bayeux, pour laquelle il avait déployé tant de dévouement dans la défense de ses droits et prérogatives. C'est ce que nous aurait peut-être fait connaître « ung aultre inventaire des joyaulx, reliques et reliquiaires de l'église, faict en l'an mil trois cens soixante neuf et escript en la fin du livre des Évangiles, couvert d'argent doré,... lequel livre est gardé dedens le buffet du Chapitre ». Cet inventaire, aujourd'hui perdu, est souvent cité dans l'inventaire du trésor de la cathédrale de 1476.

En 1421, Nicolas Habard fait prendre possession de l'évêché de Bayeux par son frère, Richard Habard, archidiacre de Caen et chanoine de la prébende d'Amayé. Dans la cérémonie, « le

---

[1] L. DELISLE, *Chronique de Robert de Torigni* (1872), t. I, p. XLIX et 345; et *Catalogue général des manuscrits des départements*, t. II, p. 394.

Doyen lui fist toucher le Livre couvert de vermeil doré... et lui
fist prêter serment [1]... » Ce même Nicolas Habard est le premier qui fonda la bibliothèque du Chapitre, c'est-à-dire qu'il fit
disposer, en 1424, un local pour mettre les livres que le Chapitre possédait déjà et ceux qu'il donna lui-même ainsi que plusieurs chanoines, puis il établit un garde de cette librairie. C'est
à tort qu'Hermant [2] dit qu' « il fist croître le lieu où est maintenant la bibliothèque du Chapitre, qui a quarante pieds de long
sur vingt quatre de large, et la fist bâtir de belle pierre de
taille », puisque le 17 juin 1429, le Chapitre ordonne « que
l'on bâtira une maison dans le cloistre, pour servir de bibliothèque [3] », et que « le 21 mars 1464, le Patriarche donne cent
écus d'or pour bâtir une bibliothèque dans le cloistre, et qu'il
l'enrichit d'une centaine de volumes qu'il donna en 1465 [4] ».
C'est cette bibliothèque que l'on voit encore aujourd'hui.

Vers la même époque, en 1436, le Chapitre fit dresser un
inventaire de sa librairie, qui se composait alors de cent quatre-
vingt-douze volumes répartis en dix pupitres ou armoires [5].

*Inventarium librorum existentium in libraria nova ecclesie Baiocensis fac-
tum per venerabiles et circumspectos viros dominos et magistros Johannem
Fabri succentorem, et Guillelmum Auber penitenciarium et Johannem
Gervasii canonicum dicte ecclesie Baiocensis per Capitulum ipsius ecclesie
ad hoc commissos, anno Domini millesimo CCCC^mo tricesimo sexto, die
sexta mensis februarii.*

*Et primo, in pulpito primo superiori partis dextre secundum ordinem
cathenarum.*

1. Primum volumen est continens Augustinum supra Johannem, quod
incipit primo folio : « In nomine Dei summi », et quinto folio : « ipsi montes
sunt », et finit : « ...terminare sermonem. »

[1] HERMANT, *Histoire du diocèse de Bayeux,* p. 325.
[2] *Ibid.*
[3] *Abrégé d'aucuns articles des conclusions du vénérable chapitre de Bayeux.*
[4] *Ibid.*
[5] Ms. 199, fol. 37.

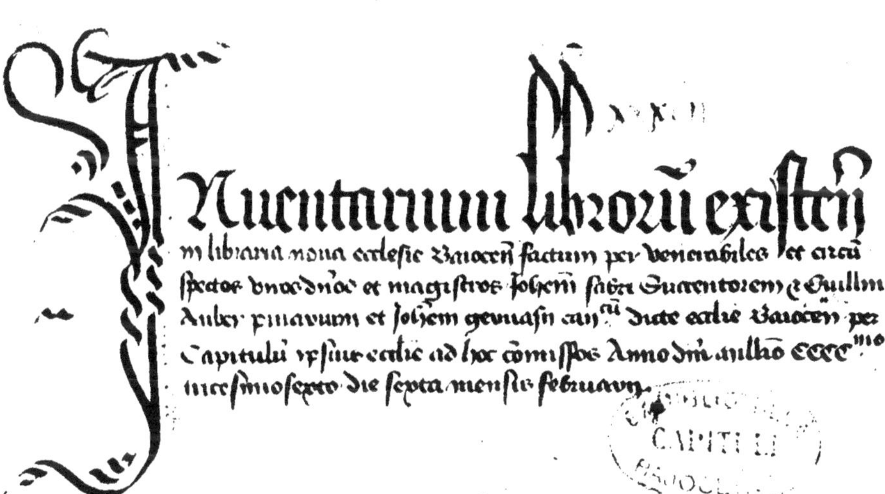

Inuentarium librorum existen-
tiū libraria noua ecclesie Baiocen̄ factum per venerabiles et circū-
spectos vnōdn̄os et magistros Johēm sabī Suarentorem z Guillm
Auber p̄nauarum et Johēm geuiasī cān̄ū dicte ecclie Baiocen̄ per
Capitulū ipsiue ecclie ad hoc cōmissos Anno dn̄i millo cccc⁰
tricesimosexto die septa mensis februarij.

Et p̄mo in pulpito p̄mo superiori partis dextre
sc̄dm ordinem cathenarum.

Primū volumen est continens Augustinū supra Johēm quod incipit
p̄mo. In noie dei siuū. et quinto fo. ipi montes sunt. et finit. ter-
minare sermonem.

Sc̄dm volumē continet concordātias abreuiatas et incipit a n̄ eiusdē
et finit. luce iij folio.

Tercium volumen est in quo cōtinetur Johes de auxeu de intpretatione
euanglioz cū quibusdā omeliis quod incipit primo fo. k̄a myra.
Seruitus eius. n̄ fo. dies sex. et finit in scla sclōz Amen.

Quartū volumen est continens p̄mam parte concordantiaz quod
incipit. Sc̄do abijt in hiersm. et finit. confregerunt ingium.

Quintū volumen est in quo cōtment̄ opa b̄ Johis crisostomi de ope
pfecto et impfecto sup apatheū. de dono bone memorie N. habardi
epi Ba. et incipit p̄mo fo. k̄s myris. Oportebat quidē. et ijᵈᵒ fo.
opm̄ antes his que dc̄a sunt. et finit. per Jesum xpm̄.

Sextum volumen est dedono ipsius habardi epi in quo continet̄
vna pars postille d̄n̄ decima supra ptem z̄blie et incipit d̄m volum
k̄s myris. Cūdescripsi. et in scdo fo. etiam qratores. et finit.
cui est honor et glia in scla sclōz Amen.

2. Secundum volumen continet Concordantias abreviatas, et incipit : « a ii^{do} eiusdem », et finit : « ...Luce, iii° folio. »

3. Tercium volumen est in quo continetur Johannes os aureum de interpretatione Evangeliorum cum quibusdam omeliis, quod incipit primo folio, littera nigra : « gemitus enim » ; ii° f° : « dies sex », et finit : « ...in secula seculorum. Amen. »

4. Quartum volumen est continens primam partem Concordantiarum, quod incipit secundo folio : « abiit in Hierusalem », et finit : « ...confregerunt jugum. »

5. Quintum volumen est in quo continentur opera beati Johannis Crisostomi de opere perfecto et imperfecto super Matheum; de dono bone memorie N. Habardi, episcopi Baiocensis; et incipit primo f°, litteris nigris : « Oportebat quidem », et ii^{do} f° : « opinantes his que dicta sunt », et finit : « ...per Jesum Christum. »

6. Sextum volumen est de dono ipsius Habardi episcopi, in quo continetur una pars postille dicti de Lira supra partem Biblie, et incipit dictum volumen, litteris nigris : « Ecce descripsi », et in f° secundo : « etiam quod actores », et finit : « cui est honor et gloria in secula seculorum. Amen. »

7. Septimum volumen est in quo continentur Concordantie evangelistarum, cum expositione evangeliorum secundum Zacharia (sic) Crisopolitanum, quod nuncupatur Unum ex quattuor, et incipit primo f°, post tabulam, litteris nigris : « ex ordine librorum », et ii° f° : « evangeliste non tam », et finit : « ...ut manducarent pascha. »

8. Octavum est secundum volumen Biblie, de dono, magistri Johannis Daigny, canonici ecclesie Baiocensis, quod incipit, primo f°, litteris nigris : « Tribus nominibus », et ii° f° : « Parabole Salomonis », et finit : « ...indignationem vel vilem. »

9. Nonum est magnum volumen, de dono ejusdem Habardi episcopi, continens postillas dicti de Lyra, supra Novum Testamentum; quod incipit, litteris nigris, primo f° : « Quattuor facies », et ii° f° : « semina facti », et finit : « ...terminavit. »

10. Decimum est quoddam magnum volumen, de dono dicti N. Habardi episcopi, in quo continetur una pars postille magistri N. de Lyra super partem Biblie; et incipit predictum volumen, litteris nigris : « Hec omnia liber vite », et ii° f° : « domui tue », et finit totum volumen : « in secula seculorum. Amen. »

11. Undecimum est ultimum volumen Biblie, de dono prefati Daigny, quod incipit primo f°, litteris nigris : « Paulus, servus Jesu Christi », et ii° f° : « tis per gratiam ipsius », et finitur : « ...laudet Dominum. »

12. Duodecimum est primum volumen Biblie, de dono dicti Daigny, quod incipit in secundo f° : « invenias », et finitur totum volumen hujusmodi : « ...thameth cõ Salvator. »

13. Decimum tercium continet glosam Hugonis de Sancto Victore super Psalterium; incipit secundo f° : « prophetiis frequentius », et finit immediate ante tabulam : « Dominum laudemus. »

In secundo pulpito sunt libri sequentes secundum ordinem cathenarum.

14. Primum volumen est Biblia completa, de dono Petri Bosquerii, incipit primo f°, litteris nigris : « Bibliotheca », et septimo f° : « delabiumque aureum », et finit : « ...consiliatores eorum. »

15. Secundum volumen est de Civitate Dei, incipit tercio f°, in nigro : « interea cum Roma »; sequenti f° incipit : « misericordia », et finit : « ...in secula seculorum. Amen. »

16. Tercium volumen est Summa Britonis, incipit secundo f° : « istud exemplum », et penultimo : « dicitur foliculus », et finit : « ...velut unus eorum. Amen. »

17. Quartum volumen est Augustinus de concordia evangelistarum, continet etiam de sermone Domini in monte; incipit II° f° : « Inter omnes divinas », et III° f° : « ...sme cum stilio », et finit : « ...Deo auxiliante pervenire. »

18. Quintum continet Questiones veteris et novi Testamenti, incipit primo f°, in nigro : « De Deo et hominibus », et nono folio eiusdem : « alibi fiat », ac finit : « ...et orthodoxi. »

19. Sextum volumen continet Responsiones de Lyra ad quemdam Judeum, et incipit primo f° : « Queritur utrum per Scripturas », et II° f° : « quanvis discrepent », et finit : « ...mendacio terminat. »

20. Septimum est Gregorius in Registro; incipit primo f° in nigro : « Credo in unum », et III° f° : « sed nec hec », et finit : « ...percipiamus. Deo gratias. Amen. »

21. Octavum est Omelie Gregorii, et incipit primo f°, in nigro : « Sanctissimo fratri », et III° f° : « jure ejus presentia », et finit : « ...pervenire faciat. »

22. Nonum continet secundum volumen Moralium Gregorii, incipit primo f°, in nigro : « Sine aliqua comparatione », et III° f° : « ne videat gloriam », et finit ultimo f° : « ...lacrimas reddit. »

23. Decimum volumen est ejusdem Biblie, quod incipit a libro Machabeorum, et III° f° : « Derunt ei », et finitur in Apocalipsi : « ...cum omnibus nobis. Amen. »

24. Undecimum continet tabulam super Moralibus Gregorii; incipit primo f° : « Abstinentia », et II° f° : « amor proximi », et finit ultimo f° : « ...qui celat judicium. »

25. Duodecimum est primum volumen Moralium Gregorii super Job, et incipit primo f°, in nigro : « Reverentissimo », et II° f° : « et nox in qua », et finit : « ...subsequentium credebat »; et est de dono dicti Habard.

26. Decimum tercium continet tercium volumen ipsius Biblie, incipit II° f° : « Amachites », et finit, in penultimo f° : « ...ipsum benedicite. »

27. Decimum quartum continet expositionem Haymonis super Epistolas et quattuor Evangelia, et incipit primo f°, littera nigra : « Segregatus in evangelium Dei », et II° f° : « fratres Domini », et finit : « benigne pro nobis. »

28. Decimum quintum continet secundum volumen hujusmodi Biblie, incipit II° f° : « meri texuntur », et finit : « ...terram anathemate. »

29. Decimum sextum continet flores collecti a Francisco de Maronis super libro de Civitate Dei; continet etiam expositiones magistri N. Tremech super eodem libro de Civitate Dei, et incipit primo f° : « Prima veritas », et II° f° : « salvari quidquid », et finit in penultimo f° : « ...in capitulo xxvIII° », et in ultimo : « ...seculorum. Amen. »

30. Decimum septimum continet primum volumen Biblie, veteris scripture, quod non habet principium; prohemium incipit II^{do} f° : « in Egyptum », et finitur totum volumen : « ...et silui a bonis. »

31. Decimum octavum est Augustinus de Civitate Dei, de dono. N. Habardi, episcopi Baiocensis, incipit II° f° in tabula : « de cupiditate », et finit in penultimo : « ...illorum Deus », et in ultimo : « ...gratulantes agant. »

32. Decimum nonum volumen continet postillam N. de Lyra super Ysaiam, Jeremiam ceterosque prophetas et libros Sapienciales, de dono magistri Jo. Gervasii, canonici de Vendis; incipit primo f° : « Jerusalem evangelista », et finit : « ...in secula seculorum. Amen. »

33. Vicesimum volumen continet expositionem super epistolas beati Pauli excerptam a venerabili Beda presbitero ex diversis opusculis sancti Augustini, in unum corpus collectam, incipit primo f° : « Expositio epistole ad Romanos. Paulus servus Christi Jesu », et III° f° : « ut efficiamur », et finit : « ...ut simul de mercede gaudeamus. »

In tercio pulpito sunt libri sequentes secundum ordinem cathenarum.

34. Primum volumen continet flores beati Augustini in libro de Civitate Dei, in papiro; incipit II° f°, post tabulam : « Non sapere. » Item continet lecturam super titulo de actionibus et quedam alia addita, et finit penultimo f° : « ...unicuique jus suum tribuerit. »

35. Secundum volumen continet Augustinum, unde malum, de libero arbitrio ejusdem et Retractationem librorum ejusdem Augustini; incipit in nigro : « Dic michi », et III f° : « senciamus », et finit : « auctor mali. »

36. Tercium volumen continet Ambrosium, de virginitate. Item idem ad violatorem lamentationes ejusdem super eas. Item de misteriis iterandis; et sermo ejusdem Ambrosii et Encheridium Augustini. Incipit primo f° · « Si juxta celestis formam », et III° f° : « ...qui carmina divina », et finit : « ...et caritate conscripsi. »

37. Quartum volumen est Rabanus super quattuor libros Regum et super libros Machabeorum, incipit primo f° : « Cum venerationem tuam », et v^{to} f° : « ...firmata est », et finit : « ...pariter jungerentur. »

38. Quintum continet Augustinum, de bono conjugali, de adulterinis conjugiis, et de virginitate, et Aneliam Hieronimi de persecutione Christianorum, quod incipit primo f°, litteris nigris : « Quoniam unusquisque », et III° f° : « ...tamen ordo », et finit : « in secula seculorum. Amen. »

39. Sextum volumen continet Ambrosium super Beati immaculati; incipit littera nigra : « ...licet mistico », et III° f° : « ...nec te hostilis », et finit : « ...passus est Christus. »

40. Septimum volumen est Augustinus de virginitate, continet etiam He-

raclidum sanctorum Patrum ; incipit primo f°, in nigro : « in quo etiam », et III° f° : « ...cum virginali integritate », et finit : « in secula seculorum. Amen. »

41. Octavum volumen continet Bedam super Apocalipsi. Item sexdecim sermones Augustini super dicta Apocalipsi. Item expositionem Berengaudi super septem visionibus Apocalipsis. Incipit primo f°, in nigro : « Apocalipsis sancti Johannis », et IIII° f° : « ...cujus celesti in paradiso », et finit : « ...in melius commutandum. »

42. Nonum volumen est hystoria ecclesiastica, incipit, in nigro, f° primo : « Peritorum dicunt », IIII° f° : « ...pontifices et prophetas. » In eodem etiam volumine continetur hystoria persecutionis Affate (*sic*), de bono conjugali, Augustinum de virginitate, de professione viduitatis, de orando Deo, cum aliquibus sermonibus ejusdem Augustini, de prensencia Dei cum aliis pluribus opusculis ejusdem Augustini, et finit totum predictum volumen : « ...Deus mandavit. »

43. Decimum volumen est Augustinus de vera religione, continet etiam expositionem super Job, et alia opuscula Dyonisii Ariopagite imperfecta, et incipit primo f°, in nigro : « Cum omnis vite bone », et III° f° : « ...videntur eterna », et finit : « ...qui tecum sunt trades. »

44. Undecimum volumen continet Augustinum de singularitate clericorum et epistolas Simachi, cum pluribus aliis opusculis Senece. Incipit primo f° : « Promissam quidem vobis », et III° f° : « ...feminarum blandimenta », finit in ultimo f° : « ...corrumpunt mulieres. »

45. Duodecimum est parvum volumen continens Legendam auream, quod incipit, in nigro, primo f° : « Universum tempus », et v^{to} f° : « ...ex angustia est », et finit : « ...per omnia secula seculorum. Amen. »

46. Decimum tercium est de Concordia evangelistarum, quod incipit primo f°, in nigro : « Inter omnes divinas », et III° f° « Deus illa est », et finit : « ...pacis inveniant. Amen. »

47. Decimum quartum volumen continet sermones beati Augustini super primam canonicam Johannis. Item contra Arrianos, contra Judeos et contra paganos. Et iterum sermones de resurrectione ; quod incipit primo f°, litteris nigris : « Meminit sanctitas vestra », et III° f° : « quare de nobis confundimus », et finit totum volumen : « ...sanguinem suum. »

48. Decimum quintum volumen est de quantitate anime ; item de ratione anime, cum pluribus aliis opusculis, quod incipit in nigro : « Sed quoniam », et f° sequenti : « ...quod a te explicari », et finit totum volumen : « in secula seculorum. Amen. »

49. Decimum sextum volumen est Encheridion et de doctrina Christiana beati Augustini cum pluribus aliis opusculis ejusdem Augustini, et incipit, in nigro : « Dici non potest », et III° f° : « ...nisi malum bonum », et finit totum volumen : « ...nosse quod scribo. »

50. Decimum septimum volumen est quarta pars Vincentii, quod incipit primo f°, in nigro : « Vicesimus quintus », et nono f°, in nigro : « Karolus igitur magnus », et finit « ...vivit et regnat. Amen. »

51. Decimum octavum est parvum volumen continens Sommam de virtu-

tibus et vitiis; incipit primo f°, in nigro : « Presens opus habet », et quinto
f° : « ...ea intendimus »; et finit : « ...reprehensibilis in prelatis. »

52. Decimum nonum volumen est tercia pars ejusdem Vincentii, quod incipit primo f° : « Absmarus imperat », et IIII° f° : « ...olim cum aliis gen-
tibus », et finit : « ...ordinatum collaudant. »

53. Vicesimum volumen est Paschasius super lamentationes Hieremie,
quod incipit, in nigro : « ...multo cogor », et IIII° f° : « ...dicitur cum a
solio », et finit : « ...flagella cessant. »

54. Vicesimum primum volumen est secunda pars ejusdem speculi Vincentii, et incipit in primo f° : « De Abdon et Sanne », et VI¹º f° : « ...maturis
fructibus », et finit : « ...cogitationes clause. »

55. Vicesimum secundum volumen continet expositionem Hieronimi in
Ysaiam, quod incipit, in nigro : « Expletis longo », et III° f° : « filio Rome-
lie », et finit : « ...sacramenta contexere. »

56. Vicesimum tercium volumen continet Apologeticum Origenis et Pe-
riarchon Origenis, cum viginti omeliis ejusdem Origenis super Lucam
incipit primo f° : « Cognoscende veritatis », et IIII° f° : « sine igni eterno »,
et finit : « ...in secula seculorum. Amen. »

57. Vicesimum quartum volumen est prima pars speculi hystorialis dicti
Vincentii, quod incipit in tercio f°, in nigro : « Quoniam multitudo », et sequenti folio : « dictina plurimum », et finit : « ...opifices diffugerint. »

58. Vicesimum quintum volumen est Hieronimus super Danielem, incipit
in III° f° : « ...terrarum secularum », et penultimo : « ...vir voce magna »,
finit : « ...respondere debeamus. »

*In quarto pulpito sunt libri sequentes, et designantur secundum
ordinem cathenarum.*

59. Primum volumen est Aldelinus de Egymnicorum exemplis. Incipit :
« Reverentissimis Christi », et secundo f° : « ...consortes superans », et
finit : « ...patrie participes. Amen. »

60. Secundum volumen est Dyadema monachorum, et incipit in nigro :
« De multorum dictis », III° f° : « ...fligimur abba », et finit : « ...habere
mereamur. Amen. »

61. Tercium volumen est Biblia metrificata, incipit : « Scire cupis », et
III° f° : « ...quin sub lucem », et finit in ultimo f° : « ...libera facta
sint. »

62. Quartum volumen continet vitam sancti Florentii; incipit in prohemio,
litteris nigris : « Amabilem Deum », et in corpore libri, primo f°, in nigro :
« sacrilega vel ignota. »

63. Quintum volumen est Somma de quibusdam virtutibus et vitiis;
incipit in corpore libri, in nigro : « Dilectissimo filio », et in sequenti folio:
« ...beat in quo gaudeat », et finit : « ...silere nequivimus. »

64. Sextum volumen continet Cassianum de vita et habitu monachorum,
quod incipit in corpore libri, litteris rubeis : « Veteris misterii », et v¹º f° :
« exemplum quod viliora », et finit : « ...despectis Dei judiciis. »

65. Septimum volumen continet sermones sancti Cezanii, et aliquas sententias beati Gregorii de libro Pastorali et de Moralibus, epistolas Fulberti episcopi; continet etiam Benedictionarium. Incipit, in nigro : « In lectione accepta », et iii° f° : « quotiens excepta », et finit : « ...fuerunt xxii milia. »

66. Octavum volumen continet Hieronimum contra Joviniamum, incipit : « Pauci admodum », et iii° f° : « de una semente », et finit : « ...in secula seculorum. Amen. »

67. Nonum volumen continet Ambrosium de paradiso, fonte ac fluminibus et ligno vite; continet etiam tractatum Saich et Balien de austronomia. Incipit in nigro : « Plantaverat autem », et iii° f° : « retro opera », et finit totum volumen : « ...et videbis deceptionem. »

68. Decimum volumen est Distinctiones fratris N. de Gorhan; incipiunt : « Abeuntium per hunc mondum », et iii° f° : « dabis gaudium », et finit in tabula : « Belus. »

69. Undecimum volumen est Somma confessorum abreviata, et incipit, in nigro : « Licet doctores », et iii° f° : « inducat vel non », et finit : « ...dum recordata est memoria. »

70. Duodecimum volumen est Somma de virtutibus, et incipit : « Presens opus habet », et v^{to} f° : « pulcritudinem idcirco », et finit : « ...pacem bellando. »

71. Decimum tercium continet Apologeticum Gregorii Nazenzeni, quod incipit, in nigro : « Proficiscenti michi », et iii° f° : « dictum est », et finit : « in secula seculorum. Amen. »

72. Decimum quartum continet Meditationes Anselmi. Item Monolegion ejusdem et Prosologion. Item de hoc desunt expositiones super epistola Pauli, de libero arbitrio ejusdem, cum pluribus aliis operibus ejus. Incipit : « Omnipotens Deus »; iii° f° : « sapientia », penultimo f° : « dicitur non concupisces », et finit : « ...judicatur. »

73. Decimum quintum continet epistolas Pauli, incipit, in nigro : « Segregatus in evangelium Dei », et finit : « cum omnibus vobis. Amen. »

74. Decimum sextum continet glosas super dictas epistolas Pauli, et incipit, in nigro, primo f° : « Sciendum est quod », et finit : « ...agnoverunt. »

75. Decimum septimum volumen continet quasdam distinctiones ad predicandum utiles, et incipit : « Absconditur malum »; iii° f° : « quare causa damnosa », et finit : « ...dicit Dominus. »

76. Decimum octavum continet quosdam Sermones; incipit : « Diligite lumen sapientie »; ii° f° : « mensuram fidei. » Etiam continet de natura animalium, de elementis et eorum expositione; de natura et forma hominis, cum aliquibus aliis sermonibus; finit totum volumen : « ...in capite eorum. »

77. Decimum nonum continet sermones Lozani de sanctis, incipit, in nigro : « Sicut in die honeste ambulemus », et ii° f° : « in yeme in conversione », et finit : « ...domus mea domus. »

78. Vicesimum continet Gennadium de divinis officiis; incipit, in nigro : « Ea que per anni circulum », et iii° f° : « sanguis meus », et finit : « vita eterna coronat. »

79. Vicesimum primum continet quedam metra Hugbaldi, que diriguntur Karolo imperatori Augusto; continet etiam sermonem sancti Bernardi in festivitate sancti Benedicti, et aliquas sententias diversorum doctorum. Quod incipit : « Aurea lux mondi », et II° f° : « cum foret insignis », et finit totum volumen : « ...et periclitatur continentia. »

80. Vicesimum secundum continet quandam glosam super Psalterium, et incipit : « Cum istud dignissimum », et III° f° : « fuit in lege Domini », et finit : « ...suam firmet suaderi. »

81. Vicesimum tercium continet Sermones quosdam, incipit : « Aspiciebam ego », et III° f° : « qua vulneratus », et finit : « ...ab inicio seculi. Amen. »

82. Vicesimum quartum volumen continet sermones Petri Ravanatis, quod incipit primo f° : « Beatus pontifex », et II° f° : « pensam genitoris », et finit : « ...per infinita secula. Amen. »

83. Vicesimum quintum continet de regimine principum fratris Egidii Romani, incipit, in nigro : « Ex Regia ac sanctissima », et III° f° : « firmiter ex parte », et finit : « ...benedictus in secula seculorum. Amen. »

84. Vicesimum sextum volumen continet epistolas Hugonis, Rothomagensis archiepiscopi; tres libros de sincera puritate fidei catholice contra hereticos; incipit, in nigro, f° primo : « Sancte Romane ecclesie », et III° f° : « et alibi », et finit : « ...secula seculorum. Amen. »

85. Vicesimum septimum continet postillam magistri N. de Lyra super Psalterium, quod incipit : « Propheta magnus », et IIII° f° : « Beatus vir », et finit : « ...secula seculorum. Amen. »

86. Vicesimum octavum continet expositiones fratris Thome, ordinis Cisterciensis, super Cantica canticorum, quod incipit : « Reverendo patri », et finit : « ...eternaliter gloriatur. »

87. Vicesimum nonum continet epythalamium Origenis super Cantica canticorum, continens solum tres libros, continet etiam tres Omelias super principio Canticorum; incipit, in nigro : « Epythalamium libellus hic », et III° f° : « scripsi vobis juvenes », et finit : « ...et imperium in secula seculorum. Amen. »

88. Tricesimum continet Ysidorum de vita sanctorum Patrum. Item itinerarium Clementis, de gestis beati Petri Apostoli; incipit : « Adam prothoplaustus »; III° f° : « iracundie », et finit totum volumen : « dapnationem accipiet. »

89. Tricesimum primum continet expositiones super Exodum et Leviticum; incipit primo f°, in nigro : « Unusquisque », et III° f° : « meis et caro », et finit : « ...in eterna secula seculorum. »

90. Tricesimum secundum continet Quintum Cursum Ruffum, de gestis Alexandri; quod incipit, in nigro : « Inter hec Alexander », et II° f° : « conspectum dedit », et finit : « ...honos habetur »; et sequitur annectatio provinciarum...

91. Tricesimum tercium continet epistolas Cypriani; quod incipit, in nigro, primo f° : « Cyprianus Cecilius », et III° f° : « torem regem », et finit : « ...in secula seculorum. Amen. »

92. Tricesimum quartum continet Sommam de Unitate et Trinitate divina.
Item Lanfrancus contra Berengarium hereticum. Item Senecam in de-
clamationibus. Item epistolas Senece incompletas. Item tres libros de
figura tabernaculi, vasorum et utensilium, Bede; et sunt quedam metra in
tribus foliis, in principio, ante librum de Unitate et Trinitate, et incipit volumen : « Eidem nimis », et iiii° f° : « scolarium nostrorum », et finit :
« ...benedixit Dominus. »

93. Tricesimum quintum continet Ysidorum de figuris veteris Testamenti ; quod incipit, in nigro : « Hystoria sacre legis », et iii° f° : « volati-
lium celi », et finit : « ...incomprehensibilis permane. »

94. Tricesimum sextum volumen continet epistolas [Hildeberti], Cenomanensis episcopi. Item epistolas Hugonis, Rothomagensis archiepiscopi ;
quod incipit, primo folio : « De conversione », et iii° f° : « voluntatis », et
finit : « ...vivendi et docendi. »

95. Tricesimum septimum volumen continet Psalterium glosatum, quod
incipit, primo f°, littera parva : « Peccavit », et iii° f° : « postula a me »,
et finit : « ...omnis spiritus laudet Dominum. »

In quinto pulpito sunt libri sequentes secundum ordinem cathenarum.

96. Primum volumen continet Juvencum super Evangelia, in metro, et
incipit primo f° : « Matheus instituit », et ii° f° : « visus cum », et finit
prima pagina ultimi folii : « ...que relinquunt. »

97. Secundum continet quattuor libros Sententiarum magistri Petri Lombardi, incipit primo f° : « Cupientes », et ii° f° : « ...cellentie conveniat »,
et finit : « ...duce pervenit. »

98. Tercium continet omelias beati Gregorii incompletas, incipit, in
nigro : « Reverentissimo et sanctissimo », et iii° f° : « ...tis adjunxit », et
finit « ...acceptis rebus. »

99. Quartum continet quasdam omelias vetustateque consumptas, incipit
primo f°, in tabula : « In illo tempore miserunt Judei », et iii° f° : « ...vidi-
mus sed quia », et finit in ultimo : « ...choruscat. »

100. Quintum continet aliam partem Legende sanctorum, et incipit
primo f°, in tabula : « Sancti Lupi, episcopi Baiocensis », et sequenti f°, in
nigro : « ...mellitus servus Christi », et finit : « ...Pontiam. »

101. Sextum continet aliam partem Legende sanctorum, incipit in
primo f°, in tabula : « Sancti Johannis apostoli », et sequenti folio : « universis ecclesiis », et finit : « ...secula seculorum. Amen. »

102. Septimum continet textum Sententiarum M. P. Lombardi ; quod in
cipit : « Cupientes aliquid de penuria », et ii° f° : « ...dum secundum quod
donum est », et x° f° : « ...locum epistole », et finit : « ...duce pervenit. »

103. Octavum continet Legendarium sanctorum, quod incipit in tabula,
primo folio : « Sancti Vigoris », et ii° f° : « ...credentium orietur », et
finit : « ...magnum inter fratres. »

104. Nonum continet Durandum super quattuor libros Sententiarum,

quod incipit : « Circa primum librum Sententiarum », et iii° f° : « ...sōm similes vos quibus », et finit, in corpore ultime questionis : « ...cujuslibet quanti ideo, etc. »

105. Decimum volumen continet etiam Legendarium ab Epyphania usque ad Purificationem beate Marie Virginis, et incipit, in nigro : « Venite ad aquas », et iii° f° : « ...tatis quos », et finit : « ...secula seculorum. Amen. »

106. Undecimum est Legendarium, comprehendens omelias et sermones diversorum sanctorum doctorum, et incipit in sancto sabbato Pasche usque ad vigiliam Epyphanie inclusive, primo f°, in nigro : « ...que lucescit in prima sabbati », et iii° f° : « ...habuerat habitu », et finit : « ...conscendet sive crescet. »

107. Duodecimum continet textum Sententiarum Petri Lombardi pulcrum, incipit secunda columpna : « ipsam que simulatam », v° f° : « ...dicit ad ymaginem », et ultimo f° : « ...incipit caos magnum », et finit : « ...sed in tormenta vertitur. »

108. Decimum tercium continet Bibliam, incipit in secunda columpna : « ...semper perfice », et quinto f° : « ...super terram », et finit : « ...in interpretationibus », penultimo f° : « ...vel ista commotio. »

109. Decimum quartum continet Psalterium Hieronimi Eusebii, incipit primo f°, litteris nigris : « Beatus vir », et finit ultimo f° : « omne quod spirat laudet Dominum. Alleluya. »

110. XV^{tum} continet Matheum et Marcum, cum glosa ordinaria, incipit secundo f° : « ...plenior sensus », et finit in textu : « ...sequentibus signis.»

111. XVI^{am} continet duodecim parvos Prophetas, cum glosa ordinaria, incipit ii^{do} f° : « Jeremias, Osee », et finit in textu : « ...terra anathemate. »

112. XVII^{um} continet Jeremiam glosatum glosa ordinaria, incipit iii° f° : « Et factum est Verbum Domini », et finit in textu : « ...nos vehementer. »

113. XVIII^{am} continet Job et Apocalipsim, cum glosa ordinaria, incipit ii° f° : « ...virtus Job », et finit totum volumen in glosa : « virtutum multiplicitas. »

114. XIX^{um} continet quinque libros Sapienciales Salomonis, cum glosa ordinaria, incipit ii° f° in textu : « fontem sinistra », et finit totum volumen in textu : « ...in tempore suo. »

115. XX^{um} continet Exodum glosatum glosa ordinaria, incipit ii° f°, in textu : « forte multiplicetur », et finit in textu : « ...mansiones suas. »

116. XXI^{am} continet Genesim, cum glosa ordinaria, incipit ii° f°, in glosa : « die factum est », et finit in textu : « in Egypto. »

117. XXII^{um} continet magistrum Johannem Beleth de ecclesiasticis officiis, incipit ii° f° : « vel sacerdos », et finit : « ...miserere mei. »

Secuntur libri partis sinistre.
Et primo in primo pulpito.

118. Primum volumen continet Repertorium magistri Guillelmi Duranti super Speculum judiciale, incipit ii^{da} columpna : « utiliora », et ii° f° : « ...extra de postul. », et finit : « ...quidem ergo. »

119. Secundum volumen continet Repertorium juris, alias Braco, et incipit : « Reverendo in Christo patri », et iii° f° : « accusatores per Jo. », et finit : « ...satis de electis. »

120. Tercium volumen continet Decretum, et incipit secunda columpna : « ...um itaque dicitur », et iii° f°, in textu incipit : « consensum », et finit volumen in textu : « ...patrem facientem. »

121. Quartum volumen continet librum Decretalium, cum glosa Bernardi ordinaria, et incipit primo folio, secunda columpna in textu : « concordia extra », et iii° f° : « ...intelligatur », et finit : « ...pactiones. »

122. Quintum volumen continet Directorium juris, de dono Nicolai Habardi, episcopi Baiocensis, et incipit primo f°, secunda pagina : « ...quia ignorant ipsi theologi », et iii° f° : « ...scilicet verum », et finit totum volumen, in tabula : « Christus et Christianus. »

123. Sextum volumen continet apparatum Decretalium, sive lecturam Innocentii super quinque libros Decretalium, et incipit secundo f° : « ...in quantitate et qualitate », et penultimo : « acquiruntur », et finit : « ...de consue. In prin... »

124. Septimum continet Sextum librum Decretalium glosatum a Johanne Monachi, et textum Clementinarum, sine glosa; incipit ii° f°, in textu : « ...vel aliis juribus », et finit in textu Clementinarum : « ...nec etiam irritandus. »

125. Octavum continet Speculum judiciale, de dono magistris Johannis du Homme, quondam decani, et incipit ii° f° : « ...neque previdens », et penultimo folio : « C. de inter. m. », et finit : « ...nullus episcopus. »

126. Nonum continet Decretales glosatas glosa ordinaria Bernardi, et incipit ii° f°, in textu : « ...sona viam vite », et in ultimo f° : « Nicolaus episcopus », et finit : « ...congruentem. »

127. Decimum volumen continet lecturam Innocentii super quinque libros Decretalium, et incipit primo f°, littera nigra : « Legitur in Ezechiele », et ii° f° : « certificari », et finit in ultimo f° : « ...divinus spiritus. Amen. »

128. Undecimum volumen continet Sextum Decretalium, et Clementinas glosatas, et etiam continet glosam Archidiaconi super dicto textu Decretalium, insertam inter Sextum et Clementinas; et incipit primo folio, in glosa : « In Dei nomine », et iii° f°, in textu : « ...hec professa est », et penultimo f° incipit in textu : « approbante concilio », et finit in glosa : « ...cum electis. Amen. »

129. Duodecimum volumen continet Decretales, quod incipit ii° f°, in textu : « ...seu essentia Trinitatis », et penultimo vero : « surrogatio », et finit : « ...compellatur. »

In secundo pulpito sunt libri sequentes.

130. Primum volumen continet Bucardum super sententiam canonum, et incipit ii° f° : « ...tione et observatione », et finit : « anathema sit. »

131. Secundum continet sommam magistri Johannis [Faventini] super Concordia discordantium canonum, et incipit primo f°, littera nigra : « Cum

multa », ii° f° : « ...naturali quequidem », et finit : « ...quo michi cursus erat. »

132. Tercium continet Bucardum de sententia canonum, et incipit : « Bucardus solo nomine », et iii° f° : « ...in synodo inquirere debeant », et finit : « ...anathema sit. »

133. Quartum continet Sommam confessorum abreviatam, et incipit in secunda columna, in tabula : « De sortilegiis », et iiii° f° : « ...nam ecclesie », et finit : « ...aliis locis. »

134. Quintum continet Ysidorum de sententia canonum, et incipit : « Ysidorus Mercator », et septimo f° : « ...si quis episcopus », et finit : « ...contradicant autem. »

135. Sextum continet sex libros Decretalium, sine glosis, et incipit secunda columpna : « ...tantum compilatione », et iii° f° : « ...morata », et finit, in tabula : « De regulis juris. »

136. Septimum continet [Tancredi] Ordinem judiciarium, et incipit secunda columpna : « ...gentia pretermiserit », et iii° f° : « interveniat », et finit : « ...sic ut dicitur. »

137. Octavum volumen est liber vocatus Corpus canonum, et incipit : « Precamur, pater beatissime », et iiii° f°, litteris nigris : « ...notum tibi facio », et finit : « ...subscriptionem subjecimus. »

138. Nonum continet questiones Bartholomei, et incipit secunda columpna : « judicare ut », et iii° f° : « ...quod non possit », et finit : « ...in prima parte allegata. »

139. Decimum continet Libellum fugitivum et Sommam auream super officio advocatoris, necnon sommam Gauffridi et Decretum abreviatum, et incipit in secunda columpna : « ...non valet », et iii° f° : « varios dicitur », et finit totum volumen : « ...in secula seculorum. Amen. »

140. Undecimum continet textum Decretalium, sine glosis, incipit ii° f° : « ...universali approban », et finit : « ...compellatur. »

141. Duodecimum continet Institutam glosatam, et incipit secunda columpna, in textu : « ...mus consonantiam », et finit in textu : « ...adventura est. »

142. Decimum tercium continet lecturam Henrici Bouyc, super primo et secundo Decretalium, et incipit, primo folio, prima columpna : « ...quod oris appertio », et iii° f° : « Evangelia ligant », et finit ante tabulam : « ...in glosa all. », tabula vero finit : « ...contemplatur. Amen. »

143. Decimum quartum continet Canones ecclesiasticos, et constitutiones sancte ecclesie catholice, et epistolam Clementis ad Jacobum, et incipit in ii° f° : « ...michi datam potestatem », et finit : « ...putatur aufferri. »

144. Decimum quintum continet lecturam H. Bouyc super iii°, iiii° et v° libris Decretalium, et incipit in primo folio, secunda columpna : « ...resti spolii », et iii° f° : « ...assidua habitudo », et finit : « ...ibi per Johannem. »

145. Decimum sextum continet Sextum librum Decretalium, cum apparatu Archidiaconi super eodem, incipit secunda columpna : « ...ut nostrum », et iii° f° : « ...rationabilia », et finit penultimo folio : « ...aut est. »

In tercio pulpito sunt libri sequentes.

146. Primum volumen est secunda pars Hostiensis in lectura, de dono magistri Laurentii le Berruier, archidiaconi de Citra Vada, in ecclesia Baiocensi; incipit in primo f° : « ...debent clerici », et finit : « ...finivi scribendo. »

147. Secundum volumen continet exhortationes Bernardi abbatis, de dono ejusdem; incipit : « Subiit animam dictare », et finit : « ...sub pedibus suis. »

148. Tercium continet primam partem Hostiensis, de dono ejusdem Berruier, et incipit : « Ad Dei omnipotentis », et finit : « ...explicit liber secundus. »

149. Quartum continet epistolas magistri Petri Blesensis, de dono ejusdem archidiaconi; incipit : « Henrico Dei gratia », et finit : « ...seculorum. Amen. »

150. Quintum continet commentarium super thopicam Boecii Tulii, et commentum super Predica[men]ta; incipit totum volumen in secunda linea primi folii : « ...presentis honestate », et finit in penultimo f° : « ...proprias spes. »

151. Sextum continet commentum super Porphyrium et commentum super Periarmenias; incipit : « ...secundus hic arrepto », et finit : « ...series explicabit. »

152. Septimum continet explanationem beati Hieronimi in epistolas ad Titum et Apocalipsim; incipit : « ...licet non sint », et finit : « ...explicit liber. »

153. Octavum continet Macrobium R. filii Serii (*sic*), et epistolas Yvonis Carnotensis; incipit : « ...cum in Affricam », et finit : « ...sanctorum a fide. »

154. Nonum continet Codicem, incipit primo f°, in nigro : « Justinianus Augustus », et finit ultimo f° : « ...testem habeant. »

155. Decimum continet Decretales antiquas; incipit primo f°, in nigro : « ...filii hominis », et finit : « ...non committat. »

156. Undecimum continet Compostellanum et Lambertum de Salvis, incipit primo f°, in nigro : « ...hactenus ut loqueretur », et finit : « ...tenetur prout in lege allegata quotiens. »

In quarto pulpito sunt libri sequentes.

157. Primum continet Marcianum Capelle; incipit iiᵒ f° : « Attestabatur uxorum », et finit : « ...ignoscebat lectitans. »

158. Secundum continet Priscianum de constructione, incipit iiᵒ f° : « michi qui me », et finit : « ...disertum invenies. »

159. Tercium continet Appulleyum de Deo Socratis, cum pluribus aliis, et incipit : « ...cui me solvis », et iiiᵒ f° : « ...internas corporis cogitationes », et finit : « ...probari possitis. »

160. Quartum continet commentum Bernardi super Theodulum, et plura

alia opuscula, et incipit : « Dilectissimo domino », et III° f° : « ...Meneidis », et finit : « ...que Plato servavit. »

161. Quintum continet plura opuscula, et primo epistola Sydonii; item tres libros de vita contemplativa, de vitiis et virtutibus Juliani Pomerii; item dyalogum philosophicum ad ducem Northmannie, et librum diversorum deorum, et Terencium in comediis; incipit primo f° : « Post discessum », et III° f° : « ...ecclesie invitari », et finit : « ...servatur in comediis. »

162. Sextum continet epistolas Aeni[1], episcopi Lexoviensis, ad diversas personas. Item commentum Calcidii super Thimeo Platonis. Item Fulgencii librum de grammatica ad Calcidium. Item titulum de Amicicia et Senectute. Item librum Persii satirarum. Item dictionarium grammaticale. Item epistolas quasdam Paulini et Thesarie ad Augustinum et e contra. Item summam Basilii in metro translatam. Item quoddam commentum super topica Marci Tullii, continens quattuor libros. Incipit totum volumen primo f° : « Epistolas que alii », et III° f° : « ...veritate procedens », et finit : « ...fortunarum rerum. »

163. Septimum continet opera Virgilii, plura deficiunt, videlicet : Bucolica, Georgica; Eneyden et alios parvos libros ejusdem Virgilii; et in principio de libro Bucolicorum octo egloge; incipit in nona egloga, secunda pagina primi folii : « quo te meri pedes »; secundo folio post incipit : « ...occursare », finit in libello de Ethna, et est finis ingelibilis.

164. Octavum continet plura opera Oracii, quod incipit primo f° : « Mecenas Octavus », secundo f° : « ...quem vocer », et finit in ultimo : « ...decentius etas. »

165. Nonum est Juvenalis, incipit : « Semper ego auditor », et III° f° : « nundum habitas », et finit : « ...et quibus omnes. »

166. Decimum est Marcianus Capelle, et incipit : « Tu quem psallentem », et III° f° : « omnes predictas », et finit : « ...ignosce lectiturus. »

167. Undecimum est Priscianus, et incipit primo f°, litteris nigris : « Cum omnis eloquentie », et IIII° f° : « sequentem altera », et finit : « ...omnem rex fatur. »

168. Duodecimum est Ovidius de fastis, et incipit II° folio : « ad refera nutu », et finit : « ...magister erat. »

169. Decimum tercium est Ysidorus ethimologiarum, et incipit II[da] columpna, primo f°, in tabula : « De ethimologia », et finit penultimo f° : « ...quasi eorum accutum. »

170. Decimum quartum est Lucanus, et incipit in quinto f° : « usque adee (sic) missum est », et finit : « ...menia magnum. »

171. Decimum quintum est Catholicon, et incipit in secunda columpna primi folii : « firmita deficiendi », et III° f° : « ibi scilicet R. », et finit in penultimo f° : « ...ypersintelericon. »

172. Decimum sextum continet plura opera Oracii; incipit secundo folio, principali : « sive tu manus », et finit : « ...metra. »

173. Decimum septimum continet libros quattuor odarum Oracii, epodon,

____

[1] L'inventaire de 1480 dit : « Arnulphi. »

et carmen Romanorum diis suis de metrica arte, epistolarum Oracii libros duos, sermonum ejusdem libros II, vitam Oracii et unum librorum suorum; libros Junevalis satirici; II libros Persii satirici. Incipit totum volumen primo folio, littera nigra : « Mecenas atavis edite », et tercio folio : « jam etherea choros », et finit in textu : « ...finitor acervi. »

In quinto pulpito sunt libri sequentes.

174. Primum volumen continet Senecam de naturalibus questionibus. Item musicam Boecii. Item [Sal]lucium in Cathelinam et Salustium in [Ju]gurginum; incipit : « grandinem hoc modo fieri », et iii° f° : « marinentur », et finit : « ...scribitur Jugurtinus. »

175. Secundum continet librum de regimine sanitatis et librum urinarum; incipit prima pars ii° f° : « lis possit », et finit : « ...liquida est valde. »

176. Tercium continet metra Sodonii (*corr.* Sydonii) et epistolas quasdam; incipit « Cum juvene »; iii° f° : « ipse per attonitas », et finit : « ...justissimasque. »

177. Quartum continet expositionem Boecii super libro Periarmenias; incipit : « Alexander in commentariis », et iii° f° : « hinc namque », et finit : « ...obloquitur. »

178. Quintum continet compotum Dyonisii. Item partem unius libri pontificalis. Incipit : « quodque superfuerit », et finit : « ...custodias per Dominum. »

179. Sextum continet Cassiodorum de variis formulis; incipit : « Cum dissertorum grani », et iii° f° : « universis Gotis et Romanis », et finit : « ...segregatas. »

180. Septimum continet Albericum de compoto lune. Item librum Bede, de temporibus. Item epistolam ejusdem Bede de equinocio. Incipit : « Sicut ratio mu »; iii° f° : « similitudo », et finit totum volumen : « ...cui se confirmet. »

181. Octavum continet Orationes; incipit : « Si quis inimicorum », et iii° f° : « ad gloriam », et finit : « ...cognoscetis. »

182. Nonum continet Claudianum magnum, Bernardum Silvestris et Claudianum minorem. Incipit : « Phebeo domitus », et iii° f° : « est mihi », et finit : « ...per sommam vidi. »

183. Decimum volumen continet Quintum Cursum de gestis Alexandri magni; incipit : « Inter hec Alexander », et iii° f° : « ditum stabile », et finit : « ...honos habetur. »

184. Undecimum continet hystoriam de Hierusalem, et incipit : « Baldricus », et iii° fol. : « honorificentius. » Item continet : Albium Tibulum in metro. Item Johannem Cruielogiarum (*sic*); et finit totum volumen in penultimo folio : « ...circiter sacros. »

185. Duodecimum continet Stacium magnum, qui dicitur Thebaidos, et incipit : « Fraternitas acies », et finit : « ...referuntur honores. »

186. Decimum tercium continet epistolas Senece; incipit primo f° : « Cordubensis »; iiii° f° : « lucro et languor », et finit : « ...Pictagore credo. »

187. Decimum quartum continet Bedam de gestis Anglorum, et incipit : « Beda famulus Christi », et iii° folio : « sive ut quid scripsere », et finit : « ...ante faciem tuam. »

188. Decimum quintum continet Boecium de consolacione; incipit ii° f° : « visa est », et finit in penultimo : « ...ex mea ne dispone », et finit : « ...cuncta cernentis. »

189. Decimum sextum continet Orosium de ormesta mondi, et incipit primo folio, post prefaciunculam : « Preceptis tuis parui », et iii° f° : « mari accipitur », et finit : « judicata si debeas. »

190. Decimum septimum continet epistolas Senece ad Lucilium ; item invectivam Tulii in Catilinam; incipit primo f° : « Cura, labor, meritum », et iii° folio : « cui non tantumdem », et finit : « ...clementie tue. »

191. Decimum octavum volumen continet Eusebium in cronicas; item descriptionem magne mortalitatis metrificatam, et depositionem domini Odonis, Baiocensis episcopi; incipit primo folio : « Vetus iste », et iii° f° : « usque ad Darium », et finit : « ...properando redite. »

192. Decimum nonum continet epistolas Senece; incipit : « Lucius cujus », et iii° f° : « regi temporali », et finit : « ...esse felices. »

En 1476, le Chapitre fit faire un nouvel inventaire du trésor de la cathédrale, « par venerables et discretes personnes maistre Guillaume de Castillon, archidyacre des Veiz, et Nicole Michiel, fabriquier, chanoines... » — « Le sixte [chapitre était] des livres tant pour l'office de l'eglise que de estude, trouvés et gardés tant dedens le cueur que en aultres lieux et chapelles environ ledict cueur. En ce, non comprins les livres qui sont en la librairie commune de l'eglise, desquelz inventaire sera fait à part. » Cet inventaire de 1476, dont le texte sera prochainement publié, comprenait quatre-vingt-dix-huit volumes, parmi lesquels on admirait « ung excellent Missal, portant tout l'office pontifical, à l'usage de l'eglise et diocese de Narbonne [1], du don de très-révérend père en Dieu, monsieur Loys de Harecourt, patriarche de Jerusalem, evesque de Bayeux, avec les joyaux pontificaulx, donc cy dessus eu second chapitre est faicte mention. Commençant eu second fieullet après le kalendier : « Jherusalem. Gloria Patri. »

[1] Les rédacteurs de l'inventaire commettent ici une erreur : ce Missel et pontifical, qui avait appartenu à Étienne de Loypeau, évêque de Luçon, était à l'usage de cette même église de Luçon, comme l'a récemment démontré M. Léopold DELISLE dans la *Bibliothèque de l'École des chartes*, 1887, p. 527.

« Item, ung Evangelier bien precieux, à belles hystoires dedens, couvert à champ d'or, à ymages ellevées, d'un costé d'argent doré et de l'autre d'argent blanc à escales. »

« Item, ung Epistolier, d'ung costé couvert d'argent doré, et y a ung crucifix, et de l'autre d'argent blanc, où est l'ymage de sainct Paul. »

De cet inventaire le Chapitre possède encore : « Ung petit livret de breves et longues, commençant eu second fieullet : « sallitur antiquam. » N° 66 de l'inventaire. — « Ung petit volume contenant de filio prodigo et aultres epystoles de Clamenges, commençant eu second fieullet : « modo ingenium. » N° 4 de l'inventaire. — « En la chapelle sainct Panthaleon, ung Catholicon, du don de Monsieur Nicole du Bosc, evesque de Bayeux ; commençant eu second fieullet : « sit tibi. C. dyptongus. » N° 60 de l'inventaire.

L'inventaire de la bibliothèque proprement dite fut fait en 1480. Pour ce travail « deputati fuerunt et commissi venerabiles ac circumspecti viri domini et magistri Guillelmus Auberi, sacre theologie professor, Guillelmus de Monasterio, in eadem licenciatus, et Johannes Dubec, in canonico jure licenciatus, una cum venerabili etiam et circumspecto viro, magistro Nicholao Michaelis, in eadem theologia bacalario formato, tunc dicte ecclesie fabricario... » Cet inventaire comprenait deux cent trente-huit volumes, et le texte en sera aussi bientôt imprimé.

La bibliothèque du Chapitre, enrichie des dons successifs des évêques et des grands dignitaires de la cathédrale, renfermait, en plus de beaux livres liturgiques, un certain nombre de manuscrits anciens et précieux : une collection des Pères de l'Église : S. Grégoire, S. Jean Chrysostome, S. Ambroise, S. Jérôme, S. Augustin, S. Thomas d'Aquin, S. Bernard, S. Anselme, le vénérable Bède, Lanfranc, etc.; les commentaires de Nicolas de Lyre sur l'Écriture sainte; des Historiens ecclésiastiques; des Chroniques; de nombreux auteurs classiques grecs et latins, etc.

De l'inventaire de 1480, le Chapitre ne possède plus que le « liber Augustini de Civitate Dei. Incipit in primo folio tabule, in nigro : « de adversariis nominis Christi. » In octavo post tabulam, in nigro : « Interea Roma Gothorum », et finit : « Per prophetam dixit ero illorum Deus. » Ex dono domini Nicolai Habardi, episcopi. » N° 56 de l'inventaire. — « In sexto pulpito sinistre partis, in latere inferiori... Quartum volumen continet Cronicas Eusebii cum multis aliis cronicis, et in fine de gestis Odonis, episcopi Baiocensis, primi hujus nominis. Incipit in primo folio : « Vetus iste disertorum mos fuit ut exercendi ingenii causa... » N° 1 de l'inventaire.

Tel était l'état de la bibliothèque du Chapitre, lorsqu'elle fut pillée par les protestants en 1562. « ...Audict temps que l'on procedoit à faire ledict inventaire, presence dudict sieur Colombieres, desdicts officiers et de leur ministre, fut faict inventaire des libvres estant en la librairie de ladicte eglize... lesquels libvres mys en l'evesché... et aultres libvres, servantz à la celebration du divin service, mys en la maison de la ville. Lesquelz libvres de la librairie, mys audict evesché ont esté du dempuys, les uns pillez et desrobbez et aultres bruslez, rompuz et deportez avec plusieurs lettres, chartes, tiltres et enseignementz, appartenant audict sieur evesque [Charles de Humières]. Item... rompirent les huys du lieu auquel estoyent les lettres, chartres, papiers, journaulx, cartuleres, tiltres et enseignementz, contenantz les anciennes fondations bien et revenu de ladicte eglize, desquelles lettres, chartres et enseignementz ils prindrent et emporterent grande partye et le reste ilz les bruslerent et firent si grand feu qu'il print en la maison et aultres lieux circonvoisins [1]. »

Le Catholicon, dont je viens de parler, et deux des énormes in-folio en parchemin, renfermant les aveux des baronnies de l'évêché et écrits par ordre du Patriarche, furent aussi jetés dans le brasier ; ils furent cependant sauvés à temps et portent aujourd'hui encore les traces de l'incendie.

Après la pacification des troubles, quelques ouvrages impri-

[1] *Articles présentés, le 19 août 1563, à MM. les commissaires députés par le Roi, contre les Protestants, par l'évêque et le chapitre de Bayeux.*

més et manuscrits furent restitués au Chapitre ; plusieurs chanoines recueillirent çà et là les débris épars de leur antique et riche bibliothèque. Mais celui qui contribua le plus à sa restauration au XVIIe siècle fut l'abbé Jean Petite, vicaire général de Mgr de Nesmond, évêque de Bayeux, et official du diocèse. Il fit don au Chapitre, en 1689, de plus de quinze cents volumes, tant imprimés que manuscrits ; il laissa également quatre gros recueils manuscrits, « Vigiliae Joannis Petite », contenant un grand nombre d'observations et de faits réunis par lui et classés par ordre alphabétique. Hermant, dans la préface de son *Histoire du diocèse de Bayeux* [1], parle des mémoires « que feu M. Petite avait laissés, touchant l'histoire du diocèse » ; on ne sait ce qu'est devenu ce précieux travail, mais on est porté à croire qu'il a servi de base à celui du curé de Maltot. Cette opinion était celle d'un autre historiographe de Bayeux, l'abbé Béziers [2].

Sur les livres et les manuscrits donnés par l'abbé Petite au Chapitre, on lit cette mention : « Ex bibliotheca M. Joannis Petite, Melodunensis, protonotarii apostolici, officialis Bajocensis, canonici de Amayeio, et ejusdem dono Bibliothecae capituli Bajocensis. 1689. » Il dota en outre cet établissement de cent livres de rente, dont la moitié devait être pour le bibliothécaire et l'autre pour acheter des livres. Une inscription commémorative du fait fut alors gravée sur une plaque de cuivre et placée dans la bibliothèque, où on peut la voir aujourd'hui :

Ad perpetuam rei memoriam.
Joannes Petite, Melodunensis ortu,
Protonotarius S. Sedis Apostolicae, vicarius
Generalis, officialis, et canonicus Bajocensis
Praebendae de Amaeyo : hanc Capituli Bajocen-
Sis dissipatam Bibliothecam, tabulis ligneis,
Et mille supra quingentis librorum voluminibus
Instauravit; cum annuo perpetuoque redditu

---

[1] Caen, 1705, in-4°. On trouve dans l'*Histoire* de Hermant un certain nombre de détails sur les anciens manuscrits du chapitre de Bayeux.

[2] *Mémoires inédits,* conservés à la Bibliothèque de la ville de Bayeux (ms. 21-22).

> *Centum librarum turonensium monete cur-*
> *rentis, solvendo annuatim; videlicet quin-*
> *Quaginta libras pro honorario Bibliothecarii*
> *Fundati de Gremio Capituli; et quinquaginta*
> *Pro emptione librorum, Hac in Bibliotheca*
> *Annuatim in aeternum reponendorum, A*
> *Dominis dicti capituli conservanda. Praedic-*
> *tasque summas; super bona dicti Capituli*
> *Exolvendas prima die Januarii juxta ejus-*
> *dem actus et conclusiones XXIII mensis*
> *Aprilis M. DC. LXXXVIII et prima mensis febru-*
> *arii MDCLXXXX.*
>
> N. Bourgeois incidit [1].

L'exemple de ce savant et vertueux ecclésiastique engagea plusieurs chanoines à léguer leurs livres à la bibliothèque du Chapitre. En 1692, Sébastien Dufour, grand cousteur et chanoine d'Arry, légua au Chapitre sa nombreuse et riche bibliothèque, ainsi que vers le même temps les chanoines Jacques et Adjutor Josset; de sorte que, à l'époque de la Révolution, la bibliothèque du Chapitre se composait d'un grand nombre de volumes et de manuscrits précieux.

« Au moment où les églises et biens ecclésiastiques furent pillés, en 1790 ou 1791, dit l'abbé Thomine-Desmasures, chanoine, vicaire général et depuis évêque, dans un rapport, en date du 29 avril 1844, adressé au ministre des cultes et dont la copie est conservée au chapitre, on apporta à la cathédrale une foule de livres provenant des couvents de Bayeux et des environs, même de l'abbaye de Mondaye. La bibliothèque du Séminaire seule fut conservée. On déposa aussi une grande quantité de livres dans l'ancien doyenné, maintenant le palais épiscopal. La commission des Arts en forma trois dépôts spéciaux, l'un dans le bâtiment de la bibliothèque du Chapitre, cour d'Arthenay; un second dans la salle capitulaire, au bas de la cathédrale; le troisième, existant d'abord au doyenné,

---

[1] Voy. la *Notice historique sur Jean Petite,* par M. Georges Villers (Bayeux, 1844, in-8º), dans le tome II des *Mémoires de la Société d'agriculture de Bayeux.*

3.

fut transporté, soit à l'ancien couvent de la Charité, soit à
la salle du Chapitre, où les livres entassés et pourris ne
formaient plus, en grande partie, qu'une masse adhérente. Le
Brisoys Surmont en fit porter un grand nombre chez lui. En
1803 ou 1804, M. Hébert, gendre de M. Moisant, bibliothécaire
de la ville de Caen, vint à Bayeux, envoyé par le préfet du
Calvados, pour choisir et emporter tous les livres qu'il jugerait
propres à former la bibliothèque départementale. M. Hébert
remplit sa mission, et de ce qui resta forma une bibliothèque
que l'évêque ne put conserver qu'en la faisant reconnaître par
le gouvernement comme bibliothèque du Séminaire, auquel elle
fut attribuée en 1808. Ce qui resta du surplus fut dispersé, dé-
truit ou vendu [1]. »

Les inventaires détaillés que fit la commission des Arts du
district de Bayeux des livres entassés dans les trois dépôts,
inventaires conservés dans la Bibliothèque de la ville, ne font
mention d'aucun manuscrit; dans les délibérations et les arrêtés
de la même commission du 1ᵉʳ messidor an IX, 19 vendé-
miaire an X, etc.; dans les procès-verbaux, rédigés par les
citoyens Gabriel, Moisson et Delauney, on ne trouve aucune
allusion aux manuscrits. (Papiers de la commission des Arts du
district de Bayeux, mss. nᵒˢ 134-136 de la Bibliothèque de
Bayeux.) Le citoyen Despréaux, vicaire épiscopal de Fauchet et
bibliothécaire en chef, fut chargé de faire officiellement le catalogue des bibliothèques de l'Évêché, du Chapitre et de « l'émigré Cheylus », évêque de Bayeux; il n'y est question non plus
d'aucun manuscrit (voir le nᵒ 141 de l'inventaire).

Cependant le zèle des chanoines devait amener la reconstitu-
tion partielle de leur antique et riche collection de manuscrits.
« Nous avons été assez heureux, dit M. Thomine, pour recou-
vrer une grande partie des manuscrits importants, et même
obtenir des cartulaires étrangers à la cathédrale. Une partie a été
restituée; nous en devons une autre partie aux soins de M. l'abbé

---

[1] Voy. Dibdin, *Voyage bibliographique en France* (traduction Licquet),
t. II, p. 144-147.

Regnault, vicaire général, ancien chanoine et grand chantre depuis la Révolution, de M. Leffetay, chanoine honoraire, bibliothécaire du Chapitre, et surtout à M. l'abbé Guérin, chanoine, secrétaire de l'évêché et bibliothécaire actuel, avec lequel j'ai racheté divers manuscrits. » C'est en effet M. l'abbé Guérin qui peut être considéré comme le véritable restaurateur de la bibliothèque du Chapitre, qu'il a enrichie, pendant sa longue carrière, avec un soin jaloux et une ardeur qui ne s'est jamais ralentie, d'un grand nombre d'ouvrages rares et de manuscrits précieux.

En ces dernières années plusieurs autres manuscrits ont été offerts a la bibliothèque du Chapitre. En 1886, M. l'abbé Duvelleroy, chanoine et vicaire général, a fait don de deux volumes renfermant l'inventaire des titres du prieuré de S. Vigor-le-Grand ; en 1888, M. l'abbé Queillé, curé d'Auvillars, a offert un manuscrit et quelques documents sur le concordat fait entre le pape Pie VII et le gouvernement français ; M. Charles Raisin a donné une liasse de documents intéressant les seigneurs de Vaux-sur-Aure ; l'auteur du présent catalogue a offert l'histoire manuscrite de la fondation de l'abbaye des Bénédictines de Bayeux ; un antiphonaire du diocèse de Bayeux, en musique usuelle ; un livre de prières et plusieurs autres pièces.

En 1840, M. Ravaisson constatait dans ses *Rapports* (p. 218) que la bibliothèque du Chapitre de Bayeux renfermait environ cent trente manuscrits [1] ; aujourd'hui elle s'est considérablement augmentée et en compte trois cent vingt. Chargé au mois de novembre 1886 par le Chapitre de Bayeux de faire l'inventaire de ses manuscrits, c'est le résultat de ce travail que je publie aujourd'hui. M. le vicaire général Duvelleroy, bibliothécaire du Chapitre, me permettra en terminant de lui adresser l'expression de ma sincère et respectueuse gratitude pour le bienveillant concours et les encouragements qu'il n'a cessé de me donner.

E. DESLANDES,
Curé de Robehomme.

---

[1] Voy. aussi la notice de M. S. Lœwenfeld, dans le *Neues Archiv,* t. IX, p. 377.

TABLEAU

DE

PROVENANCE DES MANUSCRITS

CATHÉDRALE DE BAYEUX, nos 98-101, 108-111, 149.

CHAPITRE DE BAYEUX, 1, 39, 43, 51, 56, 57-63, 68, 72, 77, 82, 84, 94, 120, 122, 158.

JEAN PETITE, official et chanoine de Bayeux, 5, 13, 24-28, 131, 132.

L'abbé GUÉRIN, chanoine de Bayeux, 4, 6-9, 16-23, 29, 37, 38, 41, 66, 81, 83, 85-93, 102-107, 112-116, 119, 123, 125-127, 133, 138-141, 144, 145, 147, 148, 150, 151, 154-156, 160, 161, 165, 169, 171-176, 178, 179, 183, 186, 192, 195, 197, 198, 200-205, 209, 210, 212, 215, 217, 224-228, 231, 232-301, 302-304, 308, 312.

Mgr DE NESMOND, évêque de Bayeux, 133.

Mgr DE CHEYLUS, évêque de Bayeux, 10-12, 96.

Mgr THOMINE-DESMASURES, 79, 129, 309, 312.

M. l'abbé DUVELLEROY, chanoine, vicaire général, 188-189.

M. l'abbé LAFFETAY, chanoine, 152, 153.

M. l'abbé E. DESLANDES, curé de Robehomme, 97, 128, 142, 143, 177,

M. l'abbé QUEILLÉ, curé d'Auvillars, 306.

M. Charles RAISIN, 176, 187.

AUGUSTINS DE BAYEUX, 49.

FRÈRES MINEURS DE BAYEUX, 32, 52, 117.

CONGRÉGATION DE LA MISSION DE BAYEUX, 2, 14, 34, 36, 50, 125, 134-140.

ABBAYE DE CORDILLON, 85-93, 102-107, 112-116, 126, 127.

ABBAYE DE LONGUES, 163.

ABBAYE DE MONDAYE, 118, 164-170.

---

1. Chronica Eusebii, Prosperi, Sigeberti et Roberti de Monte.

Fol. 1. Préface de saint Jérôme : « Hieronimus presbiter Vincentio et Galieno suis salutem. Vetus iste disertorum mos fuit... » — Fol. 2. Prefatio Eusebii : « Moysen gentis hebraice... » — Fol. 4 v°. Commencement de la chronique d'Eusèbe : « Primus Assiriorum rex Ninus, Beli filius, regnavit... » — Fol. 58 v°. Fin de la chronique : « ...et sequenti anno Rome edita. »

Fol. 58 v°. Chronique de saint Jérôme : « Huc usque hystoriam scribit Eusebius, Pamphili martyris contubernalis, cui nos ista subjecimus... » — Fol. 63. Fin de la chronique : « ...Ipse imperator Valens cum sagitta saucius fugeret et ob dolorem nimium sepe laberetur, ad cujusdam ville casam deportatus est; quo persequentibus barbaris, et incensa domo, sepultura quoque caruit. »

Fol. 63. Chronique de Prosper : « Huc usque Hieronimus presbiter ordinem precedentium digessit annorum; que sequuntur Prosper digessit. — Igitur Valente a Gothis in Tracia concremato... » — Fol. 66 v°. Fin de la chronique : « Cartaginem abducti sunt. Huc usque Prosperi chronografia... quo Jeronimus presbyter chronicorum suorum finem fecerat. »

Fol. 67. Chronique de Sigebert de Gembloux. Préambule : « Dicturi aliquid, juvante Deo, de contemporalitate regnorum... » — Fol. 71. Commencement de la chronique : « Theodosius a Gratiano magister... »

Fol. 168 v°, fin de la chronique : « ...et ecclesie Aquinicensi posuit. Explicit chronica Sigiberti, monachi Gemblacensis. »

Fol. 168 v°. Chronique de Robert de Thorigny. — Préface . « Incipit prologus Rotberti in ea que secuntur de temporum descriptione. De chronographia, id est... — ...usque in millesimum centesimum tricesimum quintum annum Dominice incarnationis. Explicit prologus. »

Fol. 170. Lettre de Henri de Huntingdon sur les rois bretons. « Incipit epistola Henrici archidiaconi ad Warinum Britonem de regibus Britonum. Queris a me, Warine... — ...tractata reperies. Vale. » — Fol. 175 v°. Extrait du même auteur sur la géographie et les saints de l'Angleterre : « Adhuc ad majorem... — ...et gesta luculenter irradiant. »

Fol. 178. Commencement de la chronique de Robert : « Henricus, filius primi Willermi..... » — Fol. 211 v°, fin de la chronique : « ...natus est Henrico regi Anglorum filius et vocatus est Ricardus. » (1157.)

Fol. 211 v°. Traité de Robert sur les ordres monastiques et les abbayes normandes : « Libet in presenti demonstrare qualiter antiqua consuetudo..... Bermo monachus Sancti Martini Majoris Monasterii. »

Fol. 216 v°. Lettre de Hugues, archevêque de Rouen, touchant les reliques de saint Nicaise : « Venerandus (*sic*) patribus cunctisque ecclesie catholice fidelibus Hugo, Rothomagensis sacerdos, salutem... Cuidam noto, vitae venerabilis, Gaufrido... — ...Dominus salvet sperantes in se. Amen. »

Dans les marges de plusieurs feuillets, se trouvent des notes écrites au XIV° siècle. M. L. Delisle en a publié quelques-unes dans son édition de la *Chronique de Robert de Torigni,* t. I, p. XI.

A la fin du manuscrit, fol. 217 v°, ont été copiés les vers gravés sur la célèbre couronne de lumière, offerte par l'évêque de Bayeux, Odon de Conteville, à sa cathédrale : « Istos XLVII versus, confuse et sine ordine in corona dispersos, per inadvertenciam aurifabri qui nuper eam polivit et tersit, recollegi in ordine, prout melius potui. Et qui melius viderit, corrigat et emendet. H. ORESME. »

L'écriture des notes marginales est la même que celle des vers transcrits à la fin du manuscrit, d'où nous concluons, avec M. L. Delisle, que Henri Oresme, chanoine de Bayeux, est l'auteur de ces notes historiques (au moins de celles du XIV° siècle). Ce qui nous confirme encore dans ce sentiment, c'est que la table alphabétique qui se trouve en tête de l' « Antiqus cartularius ecclesie Baiocensis » (ms. 193), et qui est de la même écriture que celle des notes ci-dessus et des vers de la couronne, a été faite par Henri Oresme, de concert avec un autre chanoine : « Tabula hujus cartularii..... facta... per Henricum Oresme et Reginaldum de Betencuria, canonicos Baiocenses. Anno Domini MCCCLXVIII°. »

Fol. 150. On lit, en écriture du XVII° siècle :

> « Resveillés vous et vous levés,
> François qui trop dormy avés.
> Allés bien tost voir vos amys
> Que les Normantz ont a mort mis
> Entre Escouys et Mortemer,
> Là vous convient les inhumer. »

Voy. une notice détaillée de ce manuscrit dans la préface de M. L. Delisle à son édition de la *Chronique de Robert de Torigni* (1872), t. I, p. IX-XIII.

XII° siècle. Parchemin. 217 feuillets. 322 sur 230 millim. Rel. basane brune. (Ex bibliotheca Capituli Baiocensis.)

2. Chronicon universale usque ad annum 1199 et opuscula varia.
Fol. 1. Chronicon Eusebii. « A primordio temporis... »
Fol. 17 v°. « Huc usque chronicam suam perduxit Eusebius, Pamphili martiris contubernalis; ab hinc autem beatus Jeronimus sui temporis digessit hystoriam. » — Fol. 22, la chronique de S. Jérôme finit : « ...cum sagitta saucius fugeret..... ad cujusdam villule casulam deportatus est, quo persequentibus barbaris et domo incensa, communi caruit sepultura. »

Fol. 22. Chronique de Sigebert de Gemblours. « Huc usque Jeronimus presbyter sui temporis digessit historiam; ab hinc autem Philibertus (*sic*), monachus Gemblacensis, cepit cronographiam suam... Anno Domini CCC° LXXXI°, Gratianus cum Valente..... » — La chronique de Sigebert a été continuée par un compilateur anonyme, sans doute du diocèse de Sens. Voy. les extraits suivants :

Fol. 28. « Floruit Theudechilidis, filia Clodovei, virginitate pariter et pietate famosa; hec in prospectu Senonensis civitatis cenobium sub honore Apostolorum struxit..... ad dedicandam basilicam, cum sancto Eradio, tunc Senonense presule, vicinarum quoque urbium presules affuere. » — Fol. 33. « Senonensem ecclesiam regebat tunc (circa 593) Lupus, gratia miraculorum clarus... » — Fol. 38. Apparition de saint Michel à saint Aubert, évêque d'Avranches. — Fol. 49. « [Normanni] venerunt Senones. » — Fol. 51. « Radulphus, rex Francorum, in ecclesia Sancte Columbe Senonis tumulatur. » — Fol. 53 v°. « Rainaldus comes, Senonis, obiit. » — Fol. 53 v°. « Silvester papa..... habuit plures discipulos inter quos fuere..... et Leothericus, archidiaconus et postmodum archiepiscopus Senonensis. »

Fol. 61 v°. « Anno Domini M° C° LXIII°, Alexander papa cum multa caterva episcoporum et cardinalium Senonis venit. » — Fol. 61 v°. « Anno Domini M° C° LXIIII° , sanctus Thomas, Cantuariensis archiepiscopus,... Senonis in cenobio Sancte Columbe... sustentatur. » — Fol. 62 v°. « Fuit eo tempore (vers 1180) in territorio Senonensi, villa Chudo, puella quedam celebri opinione vulgata. » (Ste Alpaïs.)

Fol. 66 v°. La chronique finit : « Cui [Ricardo] Johannes, frater ejus, successit... cum rege Francie pacem quam tocius studuit reformare. » — Une table se trouve à la fin.

Cette chronique renferme aussi différentes mentions relatives au diocèse de Limoges. — On la doit identifier avec la chronique improprement attribuée à « un Eusèbe, chanoine de Bayeux », d'après une note de M. Lambert, publiée dans les *Rapports* de M. Ravaisson, p. 220.

Fol. 67. De blasphemia : « Blasphemia multa mala inducit... »
(Incomplet.)

Fol. 68-129. Excerpta ascetica e Vitis Patrum et sancti Gregorii
Magni Dialogis. « De peccato carnis. Quemdam fratrem impugnabant
demones... » — « De penitentia, de gula », etc. — Fol. 129. Table
des matières. — On trouve insérée au fol. 95 la note suivante : « Anno
Domini M° LXIII° sanctus Edwardus, Anglorum rex, de suo fine celitus
amonetur et illi anulus a sancto Johanne Baptista remittitur, quoniam
cuidam pauperi in helemosinam dederat antea, nec multo post idem
rex migravit ad Dominum. »

Fol. 134-172. « Incipiunt exempla de libro Dialogorum (lib. I-IV)
[S. Gregorii Magni]. Quadam die nimis quorumdam secularium tumul-
tibus depressus... »

Fol. 153 v°. « Incipiunt exempla de Barlam heremita qui predicavit
Josaphat filium regis, quem librum scripsit Johannes Damascenus »
[Joannes S. Sabae monachus]. — Fol. 172. Table.

Fol. 173. « Liber sancti Augustini de videndo et inquirendo Deo. »
(Fin du XIV° siècle.)

Au commencement du volume se trouve l'ex-libris gravé de Mgr de
Nesmond, évêque de Bayeux.

Sur le feuillet de garde, en écriture du XVII° siècle, on lit : « Sum
Francisci Rolle, camerarii de regula, doctoris theologi sacrae Sorbonae
Parisiensis. » Mention répétée à la fin du volume avec cette addition :
« generalis Benedictinorum exemptorum. »

XIII° siècle. Parchemin. 186 feuillets à 2 col. 153 sur 110 millim.
Couvert. peau blanche. — (Ex libris Congreg. Miss. domus Baioc.)

3. Anonymi historia universalis.

Au commencement du volume, deux feuilles de papier, détachées,
renfermant la liste des auteurs qui ont écrit sur l'histoire Romaine,
Byzantine, Hébraïque, Grecque, etc.

Page 3. Lucii Flori historiae libri quatuor.

Page 160. Histoire des Turcs, commencée par Nicolas Chalcondyle,
continuée par Blaise de Vigenère. « Chalcondyle commence son histoire
où Nicéphore l'achève... » (1623 ; en français.)

Page 200. Chronologia temporum et historiarum. « Ab orbe condito,
Adam filios habuit, Cain et Abel... »

Page 226. Historia graeca. « Dissensionum authores in græcis fuere... »

Page 250. « Xenophontis historia. Persequitur bellum Peloponnesiacum... »

Page 298. « [Quintus] Curcius, de rebus gestis Alexandri Magni. »

XVIIe siècle. Papier. 318 pages. 325 sur 210 millim. Couvert. parchemin.

4. Nicolai de Clamengiis opera.

Fol. 1. « Liber de filio prodigo, per Nicolaum de Clamengiis, cantorem Baiocensem, compositus. Audite, o penitentes..... — .....filius meus mortuus fuerat et revixit, perierat et inventus est. »

Fol. 10 v°. « Liber de fructu heremi. Doceri per me desideras qui ita in solitudinibus... — ...et odorifere expers fragrantie. »

Fol. 19 v°. « Liber de prosperitate adversitatis. Cum maxime predicatoris officium... — ...et omnis iniquitas oppilabit os suum. »

Fol. 26 v°. « Liber de novis festivitatibus. Non puto conveniens esse... — ...tali suspicione carentia cohortari. Explicit. »

Fol. 38 v°. « Liber de studio theologico. Non fuit animus vir... — ...minus fuerit explicatum. »

Fol. 50. « Descriptio cujusdam rei satis mirabilis que in Galliis gesta ferebatur. Rem recenti uti accipio eventu... — veniam nequaquam abnuisse. »

Fol. 53. « Epistole per N. de Clamengiis, sub nomine Universitatis studii Parisiensis composite, que prima illius fuerunt opuscula. Prima ad Karolum sextum, regem Francorum, de tribus viis pro scismatis sedatione, per dictam Universitatem memorato Regi presentatis. Christianissimo ac religionis orthodoxe zelantissimo principi Karolo...—...cum ipsa quamproxime navicula teneamus. »—Fol. 62 v°. « Secunda epistola ad dominum Clementem, Romanum pontificem, trium superiorum viarum insinuativa, ad ecclesiasticam pacem hortativa; ubi etiam de turbatoribus fit conquestio. Coegit tandem nos, pater beatissime, Christi fides... — ...majori diligentia vigilaveritis. »— Fol. 64. « Tertia epistola ad eumdem dominum Clementem, in qua apud eum fit conquestio, quia epistolam superiorem venenosam appellavit. Paucis ab hinc, pater beatissime, diebus... — ...in Petri cathedra ociosam sedisse. » — Fol. 65 v°. « Quarta epistola ad capitula cathedralium ecclesiarum regni Francie, in qua ad pacem ecclesie cum ipsa Universitate procurandam admonentur, et ad publicas preces ac processiones super hoc agendas. Justum erat, venerabiles domini... — ...pacem dat in terra hominibus bone voluntatis. » — Fol. 67. « Quinta epistola ad magistros et doctores studii Coloniensis, in qua ad eorum litteras respondet Universitas Parisiensis. Litteras, magistri venerabiles, vestra nobis ex parte directas... — ...et intelligentias vestras. » — Fol. 68. « Sexta epistola, ad collegium cardinalium, post nunciatam mortem domini Clementis transmissa, in qua rogantur ut a nova supersedeant electione donec sit alterius partis voluntas explorata. Etsi firmam, reverendissimi patres,... — ...properantius eligendo ingesserunt. » — Fol. 69. « Septima epistola ad Johannem, regem Aragonie, responsoria ad ejus litteras cum gratiarum actione, et ad constanter pro unione laborandum cohortatoria. Gratissimas regalis vestre magnificentie... — ...pacem factam ecclesieque restitutam viderimus. » — Fol 70. « Octava epistola ad dominum Benedictum terciumdecimum, ad Romani pontificatus apicem recenter electum, ad vigilanter pro ecclesiastica unitate laborandum vehementer exhortans. Quamque, pater beatissime,... — ...egressum exitusque feliciter terminet. » — Fol. 72 v°. « Nona epistola ad eumdem Benedictum, de commendatione atque extollentia (*sic*) vie cessionis voluntarie super universas alias multis ex causis ac radicibus, non alias vias improbando, alias oblatas super factu atque executione difficiles ostendendo. Sanctissimo in Christo patri domino Benedicto... — ...excitari oportuerat altiori voce. »

Fol. 83 v°. « Tractatus brevis contra prelatos symoniacos. Multa michi in presulibus nostris... — ...jura decernunt nisi tu hoc facias. »

Fol. 88. « Sermo N. de Clamengiis de sanctis Innocentibus. Nota est tiranni Herodis... — ...unus Deus in secula seculorum. Amen. »

Fol. 90 v°. « Orationes quedam ad Deum. Deus, Deus meus, respice.. — ...qui vivis et regnas benedictus. Amen. » — Fol. 92. « Orationes ad canonicum servitium. Septies in hac die laudem dicam.... — ...benedictione implere digneris. » — Fol. 92 v°. « Oratio excitatoria ad surgendum hora matutinali, pro matutino officio in ecclesia vel alibi persolvendo. Expergiscere, o anima mea, expergiscere... — ...ad eterne lucis gaudia pervenire. » — Fol. 95 v°. « Oratio dicenda ante Completorium, circa solis occasum. Ecce jam solis occubitus... — ...semper laus in ore meo perseveret. Amen. »

Un compte de 1486 de la fabrique de la cathédrale de Bayeux

(ms. 214) nous a conservé le nom du relieur et le prix de la reliure de ce volume : « A missire Jaques Pain, pour le reliage de la *Legende dorée* du cueur et des *Epistoles de maistre Nicole de Clamenges,* par marchié fait avecques luy par mons^r le vicaire, xx s. »

XVe siècle. Parchemin. 96 feuillets. 248 sur 170 millim. Rel. veau brun gaufré. — (Ex bibliotheca capituli Baiocensis. — Guérin.)

5. Rolandi de Talentis opuscula.

Ce manuscrit, primitivement composé de 127 feuillets, n'en compte plus que 64. Feu l'abbé Laffetay, chanoine, bibliothécaire de la ville de Bayeux, a dressé une table en français des différents opuscules de Roland des Talents, sur deux feuilles de parchemin, au commencement du volume. Nous citerons en latin tous les titres qui subsistent encore, en français, tous ceux qui ont disparu et qui ont été restitués par l'abbé Laffetay.

Fol. 1. « Ad serenissimum Caesarem [Sigismundum], Germaniae imperatorem, oratio gratulatoria (initio et fine mutila)... magna quippe laus fortissimos... — ...a sceleris revocetur, vel spe... »

Fol. 6. « Epistola ad principes Christianos de pace componenda. (Deest initium.) ...et illustrarem. Sed cum merces vestra... — ...nullo tempore defectura cum patre et filio. »

Fol. 13. Ad reverendum patrem dominum Zanonum de Castiliono, episcopum Baiocensem. (Pour soumettre à sa critique le mémoire précédent.) « Reverende in Christo pater, edidi nuper epistolam... — ...auctorem esse constituit. »

Fol. 14. « Ad reverendissimum in Christo patrem dominum cardinalem Eboracensem. (Pour lui dénoncer les abus de l'administration anglaise dans la province de Normandie, pendant l'occupation.) Cum pleraque statum hujus dominii... — ...pacem facere et nostra tueri. »

Fol. 14 v°. « Ad illustrissimum dominum ducem Gloucestrie exhortatoria, ad pium et justum imperium ducatus Normanie. (Sur le même sujet.) Si quid prosperi vel melioris fortune... — ...adde quod nil tuto... » (Deest finis.)

Fol. 33. Fragment d'une lettre sur la mort du cardinal de Plaisance, Bertrand de Castiglione, jadis chantre et chanoine de Bayeux, oncle de Zanon de Castiglione. (Deest initium.) « ...Imperator triumphum sine victoria... — ...omnipotentis Dei voluntate. »

Fol. 33. « Reverendissimo cardinali Anglie de eadem materia per

eumdem, nomine domini Zanonis, Baiocensis episcopi. Reverendissime,
Credo d[ominationem] vestram... — ...spem quam de beniguitate d.
v. concepi. »

Fol. 35. « Reverendissimo domino cardinali de Lucembourc, de
eodem obitu. Reverendissime , ex litteris magistri Nicolai Caval... —
...ad omnia beneplacita sua. »

Fol. 35 v°. « Eximiis doctoribus dominis Franchinio et Guarnerio de
Castiliono, de eodem obitu, nomine Zanonis, Baiocensis episcopi. Tandem quod omnibus fere momentis... — ...dilectionem compo-
nant. »

Fol. 36. « Sanctissimo Domino nostro Eugenio pape IIII°, de eodem
obitu, nomine domini Zanonis predicti. Beatissime pater, nuperrime
dolenter... — ...beatitudinis vestre quam feliciter. »

Fol. 36 v°. « Reverendissimo domino cardinali Cumano de eodem
obitu. Reverendissime in Christo pater, nuper ad me... — ...caritatis
et beneficencie. »

Fol. 37. « Spectabili et generoso viro domino cancellario Mediolanensi, de morte domini Zanonis, Baiocensis episcopi. Spectabilis et
circumspecte domine, jampridem... — ...refrigerii et expectationis
sue. »

Fol. 37 v°. « Eximio doctori Guyniforto Pergamensi, epistola con-
solatoria de obitu patris sui. Quam graviter et moleste tulerim... —
...quamplurimum obesse possint. »

Fol. 39. « Ad Jacobum de Puteo, civem Mediolanensem. (Sur la
sainteté du mariage, etc.) Animadverto plerumque, vir prudentissime...
— ...idem vera ego de te facio. »

Fol. 40. « Epistola Candidi Decenibris, secretarii domini ducis
Mediolanensis, ad eumdem de Talentis, super translationem politice
Platonis. Clarissime frater, pluribus litteris... — ...vale et rescribe. »

Fol. 40 v°. « Ad prefatum Candidum responsiva dicti magistri
Rolandi de Talentis. Nuper, doctissime Candide... — ...inter cetera si
quid » (Deest finis.)

Fol. 50. Lettre de Roland des Talents au même pour l'assurer de
son attachement et de son estime. « Marchus Corius, presentium
lator... — ...Vale, felix. »

Fol. 50 v°. « Ad sanctissimum dominum nostrum Nicolaum papam
quintum epistola congratulatoria de ejus assumptione, per eumdem
de Talentis edita, nomine domini Zanonis, Baiocensis episcopi predicti.

Exultet terra et letentur insule... — ...et pontificem agnoscant. »

Fol 53 v°. « Memoriale reductionis ducatus Normannie facte per serenissimum regem Karolum septimum, et institutio diei festi, editum ab eodem de Talentis, nomine domini episcopi Baiocensis et Capituli ejusdem. Ad laudem et gloriam omnipotentis Dei... — ...clementiam conditoris nostri... » (Pauca desunt.)

Fol. 59. Fragment d'une lettre au roi Charles VII, pour l'exhorter à prendre les armes contre les Turcs. (1454-1460.) (Deest initium.) « ...tam remota quam non... — ...consequi merearis. »

Fol. 60 v°. « Ad sanctissimum dominum nostrum papam Calixtum tercium epistola exhortatoria de ejus assumptione. Vereor, beatissime pater et sanctissime domine,... — ...et tuos viriles spiritus stre... » (Deest finis.)

Fol. 70. Fragment d'un discours adressé aux princes chrétiens, pour les féliciter d'avoir conclu la paix (probablement après la trêve de 1444); incomplet du commencement et de la fin : « ...pace possit esse jocandum... — ...divinos honores dicabi... »

Fol. 73. « Oratio habita, Baiocis, coram reverendissimo domino cardinali Rothomagensi [d'Estouteville] per eumdem de Talentis. Ite et vos in vineam meam et quod justum fuerit dabo vobis. Mathei vicesimo capitulo. Non sum nescius, reverendissime in Christo pater,... — ...beati sempiterno evo fruuntur. »

Fol. 80 v°. « Sermo habitus in quadam synodo Baiocensi per eumdem magistrum Rolandum de Talentis. Vos estis genus electum, regale sacerdotium, gens sancta, populus acquisitionis. Prima Petri, secundo. —Credo, reverende in Christo pater,... — ...in illo magnificamur... » (Deest finis.)

Fol. 97. Lettre à Antoine (?) pour lui recommander les intérêts de l'évêque de Bayeux. « Vellem, doctissime Antoni,... — ...esse confidimus. Vale. »

Fol. 98. « Magistro Thome Greci per eumdem de Talentis. Vereor, doctissime Thoma,... — ...mansuetudine benigne audies... » (Deest finis.)

Fol. 104. Fragment d'une lettre à Guinifort, sur les avantages de la science; incomplet du commencement et de la fin : « ...momentanea despicere... — ...salutem tuam et felicitatem... »

Fol. 104 v°. « Ad illustrissimum principem dominum ducem Aurelianensem epistola excusatoria a suspicione in quemdam familiarem

suum falso conjecta, edita ab eodem. Cum multis et variis curis... —
...gratuitaque munificentia. »

Fol. 106 v°. « Ad eumdem Guynifortum de Vicecomitibus epistola
ejusdem de Talentis. Litteras tuas accepi... — ...ac fratri tuo domino
Azoni. »

Fol. 107 *bis*. « Ad illustrem communitatem Mediolanensem congratulatoria, de recuperanda libertate. Magnifici nuper cum multiplex...
— ...et illustri communitati nostre. »

Fol. 108. « Reverendissimo patri domino archiepiscopo Narbonensi
[Louis de Harcourt] epistola ejusdem de Talentis. Reverendissime in
Christo pater, credo... — ...cupiditate posse commoveri. »

Fol. 108 v°. « Reverendissimo domino cardinali Rothomagensi epistola dicti de Talentis edita nomine Baiocensis episcopi. Reverendissime
in Christo pater, his diebus... — ...firmo proposito perseverabo. »

Fol. 109 v°. « Venerabilibus viris dominis Decano et Capitulo
ecclesie Abrincensis epistola exhortatoria ad eligendum optimum pas-
torem... nomine domini episcopi Baiocensis. Venerabiles et circumspecti fratres amantissimi, intelleximus... — ...dignetur altissimus ad
vota. »

Fol. 110. « Magnifico comiti domino Johanni Marco de Grassis epistola. Magnifice comes et doctor eximie... — Scriptum Baiocis, xiiᵃ
januarii. »

Fol. 111. « Illustri principi domino Philippo, duci Mediolanensi...
nomine domini episcopi Baiocensis. Illustris princeps, alias cum ex
curia Romana... — ...certa fides adhiberi. Valete. »

Fol. 111 v°. « Ad eumdem principem Mediolanensem... nomine
prefati episcopi Baiocensis. Illustris princeps, pluribus amicorum litteris... — ...et grata et beneplacita. »

Fol. 120. « Reverendissimo domino archiepiscopo Cantuariensi,
per sepedictum de Talentis, nomine domini Baiocensis episcopi. Reverendissime in Christo pater, post devotissimas... — ...commendatum
fieri cupio. »

Fol. 120 v°. « Domino Petro de Castilliono... Mirabere fortasse, vir
ornatissime... — ...et fluxe etatis nostre. Vale. »

Fol. 122. « Eidem domino Huguelino Parmensi, nomine domini
episcopi Baiocensis. Attulisti, vir spectate et doctissime frater... —
...libenter accedimus. Vale. »

Fol. 122. « Reverendissimo domino cardinali Firmano, nomine

domini episcopi Baiocensis. Reverendissime in Christo pater, recepi litteras... — ...et mea omnia devoveo. Scriptum. »

Fol. 123. « Sanctissimo domino nostro Pio pape secundo epistola per eumdem de Talentis, nomine Capituli Baiocensis edita pro postulatione ejusdem capituli admittenda. (Pour confirmer l'élection de Louis de Harcourt comme évêque de Bayeux.) Beatissime pater et sanctissime domine noster, post beatorum oscula pedum... — ...regimen sue universalis ecclesie. »

Fol. 123 v°. « Reverendissimis in Christo patribus sacri collegii dominorum cardinalium pro eadem materia. Reverendissimi in Christo patres, nuper vacante ecclesia nostra Baiocensi... — ...gratum et acceptissimum. »

Fol. 124. « Reverendissimo domino cardinali de Estoutevilla, de eadem materia. Reverendissime in Christo pater, non dubitamus... — ...tante caritatis et beneficencie. »

Fol. 125. « Reverendissimo domino archiepiscopo Narbonensi... de eadem materia. Reverendissime in Christo pater, pridie cum essemus... — ...et confusionem ecclesie nostre. »

Fol. 125 v°. « Venerabilibus viris dominis Decano et capitulo ecclesie Narbonensis, nomine domini Patriarche, et nuper archiepiscopi dicte ecclesie Narbonensis. Venerabiles jamdudum quam pluribus... — ...rogamus et obsecramus. »

Fol. 126 v°. « Eidem sanctissimo domino pape Pio, nomine dicti Patriarche et episcopi Baiocensis. Beatissime pater, ...post beatorum oscula pedum... — ...modica emolumenta. »

Fol. 127 v°. « Eidem sanctissimo domino nostro pape Pio, per predictum de Talentis, nomine dicti domini Patriarche, et episcopi Baiocensis. Beatissime pater ... Intellexi... — ...benignam et propi... » (Deest finis.)

Sur la garde du volume on lit une note, copiée au bas du fol. 33 : « Ce livre appartient à M° Jean Le Fébure, prestre curé de La Haye-Picquenot. Donné en 1690 à M. l'official de Mgr François de Nesmond, évesque de Bayeux. (*Signé :*) Le Fébure. » — Puis, l'ex-libris de Jean Petite, qui se retrouve dans plusieurs autres manuscrits : « Ex Bibliotheca M. Joannis Petite, Melodunensis, protonotarii apostolici, officialis Baiocensis et canonici de Amayeo, et ejusdem dono bibliothecae capituli Bajocensis, 1690. » — Ensuite sur une bande de parchemin : « Rolandus de Talentis canonicus de Lochour, sepultus in capella Conceptionis

B. M. V., quae erat Horariorum XII Chori, quos fundavit, de quo registrum capituli Baiocensis, an. 1446. » — Voy. sur ce manuscrit la *Notice sur la vie et les écrits de Roland des Talents*, par l'abbé Laffetay (Bayeux, 1852, in-8°); extr. des *Mémoires de la Société d'agriculture*, etc., *de Bayeux.*

XV⁰ siècle. Parchemin. 64 feuillets. 260 sur 200 millim. Cart. parchemin.

6. Histoire du diocèse de Bayeux (dit *Manuscrit P. Gassion*).

Page 1 du manuscrit proprement dit : « Histoire du diocèse de Bayeux (dit manuscrit Gassion, mentionné dans Pluquet), contenant la chronologie de ses évêques, hauts doyens, ducs et personnes originaires, qui se sont distingués par leur sainteté de vie, par leurs beaux ouvrages ou par quelques actions éclatantes, revue et corrigée par moy Jacques [Girouard] et augmentée de l'an 1767 et finie en l'an 1770. »

Plus bas on lit : « Origine de la valeur des six évêchés de Normandie.

Le B L É vaut mieux que le S A C. »

Bayeux, 70.000 ℔ .	Lisieux, 40.000 ℔ .	Évreux, 15.000 ℔ .	Sez, 10.000 ℔ .	Avranches, 20.000 ℔ .	Coutances, 4.000 ℔ .

Au commencement du volume se trouve une feuille détachée, en très mauvais état, et qui pourrait être un fragment du registre des statuts des cordonniers de Bayeux. — Puis viennent 7 feuillets d'une écriture plus récente; au premier fol., le titre ci-dessus : Histoire du diocèse de Bayeux, etc., est reproduit en entier, et nous donne le nom du continuateur « Jacques Girouard ».

Fol. de garde v°. « Compliment fait à un représentant... par moy Thomas Ysidor Brunet, cavalier et dragon de la Montagne, malade à l'hôpital de Bayeux. » (Sans date.)

Fol. I. « Première fondation de Bayeux, avec son plain route (*sic*). » — Fol. I v°. Églises. — Monuments. — Rues de Bayeux. — Fol. 4. « Fondation de la ville de Caen »; au verso, « Fondation de la ville de Vire. » — Fol. V. Table.

Page 1. Ici commence le manuscrit proprement dit.

Page 91. Saint Exupère, 1ᵉʳ évèque de Bayeux. « La dévotion singulière... » — Page 226. Voyage de Louis XVI à Cherbourg, le 20 juin 1786. — Page 229. « 82ᵉ évêque, Joseph Dominique de Cheylus, 1777. » — L'histoire a été continuée par un auteur inconnu, jusqu'au mois d'août 1789.

Le dernier feuillet est consacré à quelques notes sur le diocèse de Coutances.

La pagination se suit régulièrement sans lacune jusqu'à la page 143; à partir de cet endroit, la même pagination continue jusqu'à 248, mais les chiffres ont été corrigés, et les pages 221-224 manquent; il y a des corrections et additions aux pages 14, 15, 16, 20, 57, 69 et 70.

Nous pensons que P. Gassion est l'auteur de cette histoire jusqu'en 1767; que Jacques Girouard l'a revue et continuée de 1767 à 1770, et qu'un troisième auteur inconnu l'a complétée jusqu'en 1789.

XVIIIᵉ siècle. Papier. vii feuillets et 249 pages (moins les pages 1-6 et 221-224). 350 sur 250 millim. Rel. parchemin. — (Guérin.)

7-8. Mémoires pour servir à l'histoire de la ville et diocèse de Bayeux, par M. l'abbé Regnault, chanoine. (1789.) — 2 volumes.

Tome I. — Fol. 1. « Recueil des choses les plus curieuses qui sont arrivées ès siècles passés, tant dans la ville et fauxbourg, que dans l'église et chapitre de Bayeux. » (1345-1593.) — Fol. 13. « Autres notes et extraits des chartes. » (1089-1287.) — Fol. 20. « Notice de la ville et église de Bayeux. » — Fol. 35. « Ville de Bayeux. » — Fol. 42. « Églises et paroisses de la ville. » — Fol. 43. « Couvents et communautés. » — Fol. 54. « Clergé de la ville. » — « Chapitre. » — Fol. 59 vº. « Du diocèse de Bayeux. » — Fol. 60. « Évêques de Bayeux. Sᵗ Exupère, 1ᵉʳ évêque. » — Ce premier volume finit à : Édouard Molé, 72ᵉ évêque.

Tome II. — Fol. 1. « François Servien, 73ᵉ évêque. » — Jusqu'à la mort de Mgr de Cheylus, en l'île de Jersey, ville de Sᵗ Hélier. 1797. — Fol. 9. « Histoire des Doyens de Bayeux. » — Fol. 23. « Autres personnes distinguées dans le diocèse de Bayeux, par la vertu, la science, la naissance, les dignités. » — Fol. 43. « Étendue et division du diocèse de Bayeux. » — Fol. 44 vº. « Pouillé, en 1789. » — Fol. 64. « Juridiction ecclésiastique. » — Fol. 64 vº. « Du temporel de l'évêché et du chapitre. » — Fol. 94 vº. « Entrée solennelle des évêques. » — Fol. 98. « Ville, banlieue, bourgeoisie, sangles. » —

Fol. 107. « Anecdotes et faits remarquables, pour servir à l'histoire de l'église de Bayeux — du chapitre. » — Fol. 128. « Fondations de fêtes et offices en l'église cathédrale. »

Les deux derniers feuillets du manuscrit contiennent : 1° une notice sur l'inscription de la cassette d'ivoire, renfermant la chasuble de saint Regnobert ; — 2° les vers gravés sur la célèbre couronne de la Cathédrale.

XVIIIe siècle. Papier. 115 et 154 feuillets. 232 sur 182 millim. Cart. parchemin. — (Guérin.)

9. Histoire de l'abbaye de Cordillon, par la Sœur Saint-Benoît, 1769.

Les 6 premières pages de la dédicace manquent. — Page 7. « ...Je le partage avec une communauté..... Votre très-humble et très-obéissante, Sr St B., à l'abbaye de Cordillon, ce 6 juin 1769. » — Page 9. Préface. — Page 15. « De l'antiquité de l'abbaye de Cordillon. » — Page 23. « Noms des abbesses... Mme Nicole est la première dont le nom nous soit connu. — En 1247, elle augmente les revenus de l'abbaye. » — Pages 149 et 150 manquent. — Page 151. Dernière abbesse, madame Bonne Eulalie d'Anneville de Chiffrevast. — Page 165. « Noms des religieuses... Alicie Tesson est la plus ancienne, dont le nom soit connu. » (Était déjà professe en 1225.) — Page 294. « Sœurs converses. » — « Finit : Marie Françoise Gosselin, ditte de Sainte Colombe... décéda le 6 avril 1770. »

A la fin, 3 petites feuilles de papier, détachées, contenant des notes historiques.

XVIIIe siècle. Papier. 301 pages. 180 sur 125 millim. Cart. parchemin. — (Guérin.)

10-12. Les Commentaires du soldat du Vivarais, par Pierre de Marcha.

Tome I. — « Les Commentaires du soldat du Vivarais, contenant l'histoire des guerres religieuses et civiles depuis 1619 jusqu'en 1626 ; par Pierre de Marcha de Pras, seigneur de St Pierreville, gentilhomme du Vivarais, maître des requêtes de la Reine, intendant de l'armée dont il a écrit les histoires. — Ouvrage copié sur l'original, collationné par moi Soulavie et destiné à la bibliothèque de Mgr l'évêque de Bayeux, l'un des petits-fils des Cheylus, dont il est fait mention dans cette histoire manuscrite — 1782. »

Tome II. — « Contenant l'histoire des guerres civiles et religieuses depuis 1626 jusqu'à l'arrivée du duc de Montmorency, en Vivarais. 1628 ; et enrichie de cartes, plans de figures et de notes par M. l'abbé Soulavie. » (Ces cartes et plans manquent.)

Tome III. — 1628-1629. Le 3ᵉ volume se termine ainsi : « Fin du 3ᵉ et dernier volume... collationné avec les précédents sur l'original, par moi, (signé :) G. Soulavie. »

XVIIIᵉ siècle. Papier. 166, 222 et 284 feuillets. 270 sur 215 millim. Cartonné. — (Mgr de Cheylus.)

13. « Mémoires des treize cantons Suisses ; de leurs alliances, républiques, ligues, assemblées, et de la manière qu'ils rendent la justice. »

Commencement : « Les Cantons sont Zurich, Berne », etc. — A la fin, table, après laquelle, on lit : « F. Dumay fecit. »

XVIIᵉ siècle. Papier. 59 feuillets. 200 sur 160 millim. Cart. parchemin. — (Jean Petite. — Chapitre.)

14. Recueil historique.

I. Pages 1-442. «Opuscules politiques. — Préface. —De la science politique. — Aristote... »

II. Pages 447-481. « Mémoires sur l'histoire de France. » — Page 448, on lit : « Ayant fait ma principale étude de l'histoire, et ayant eu quelque loisir pendant que j'ai été chez les R. pères de l'Oratoire, à Caen, j'ai travaillé sur l'histoire de France... » (Sans nom d'auteur.)

« Recueil en vers des rois qui ont régné en France jusqu'à Louis XIV, dans lequel on fait mention des actions de leur vie les plus remarquables, selon l'ordre des trois races, avec une explication à la fin. » — Commencement : « Le premier de nos rois fut le grand Pharamond... »

III. Pages 481-525. « L'histoire de l'Église jusqu'au pontificat de Clément XI. Préface. L'histoire de l'Église a été traitée... »

IV. Pages 539-702. « Journal ou mémoire des choses plus considérables de la vie de Luc Duchemin, escuier, seigneur et patron de Mesnil-Durand,... conseiller du Roy en ses conseils d'Estat et privé et de ses finances, et lieutenant général civil et criminel au bailliage de Costentin, à Sainct-Lô, remarquées et escrites par luy-même, en ce livre selon l'ordre des années, des mois et des jours (de 1631 à 1668 environ). »

Dans cette dernière partie, beaucoup de feuillets manquent, et l'ordre des dates est interverti.

XVIIe-XVIIIe siècle. Papier. 702 pages. 305 sur 195 millim. Rel. veau brun. — (Ex libris Congreg. Missionis domus Baiocensis.)

15. Histoire de la maison de Brancas.

Ce volume comprend :

I. « Origine ed antichita della famiglia Brancaccio. » (10 feuillets.)

II. « Recueil des remarques les plus curieuses sur la maison Brancaccio ou de Brancas, tirées des manuscrits du P. F. Emmanuel Marie de St Jean-Baptiste, carme déchaussé, et de son livre intitulé : « Il nobile e sincero Proteo de Brancacci », donné à imprimer ; où, à la fin, on trouve l'arbre généalogique des Brancacci de Naples, qui sont le tronc des Brancas de France, avec une instruction de ce qui est représenté dans cet arbre. » (147 pages.)

III. Autre recueil sur le même sujet. (139 pages.)

IV. Remarques historiques sur la maison de Brancas, avant son établissement en France. (33 pages.)

V. Preuve de noblesse, en 1619, de Messire Georges de Brancas, marquis de Villars. (10 pages.)

VI. Généalogie de la maison de Brancas, depuis son établissement en France. (26 pages.)

VII. Armorial de la maison de Brancas. Grands écussons coloriés. (18 feuillets.)

VIII. Bulle du pape Benoît XIV en faveur des Brancas (4 non. oct. 1755) ; traduction française. (16 pages.)

XVIIIe siècle. Papier. 340 sur 255 millim. Cart. parchemin vert.

16. « Recherche des nobles de Normandie. »

1°. « Recherche des nobles, par Remond Monfault. 1463. »

2°. « Recherche des nobles, par MM. de Roissy, Répichon et de Croismares, commissaires députés par le Roy, ès années 1598 et 1599. »

3°. « Recherche des nobles, par M. de Chamillard, commencée en l'année 1666, laquelle est divisée en 4 parties : la 1re contenant l'état des anciens nobles ; — la 2e, l'état des nobles qui ont justifié 4 degrés ; — la 3e, l'état des nobles avec la date de leur anoblissement ; — la 4e, l'état des usurpateurs de noblesse avec les amendes et condamnations contre eux prononcées tant par les commissaires, intendant dans la généralité de Caen, que par les élus, commissaires à la recherche des tailles, Cour des aydes de Normandie, Grand conseil, etc., etc. »

La Recherche de Chamillard ne va que jusqu'à la lettre G de la deuxième partie ; le reste du registre a été laissé en blanc.

XVIIIe siècle. Papier. 230 pages. 325 sur 200 millim. Cart. parchemin. — (Guérin.)

17. Recherche des élus de Bayeux.

« Déclarations faites devant les élus de Bayeux des personnes nobles, dans l'élection de Bayeux. 1523. » — Le nom des élus n'est pas indiqué.

Fol. 1. « C'est l'extraict des nobles faictz en l'an mil IIII^cLXX estant au greffe de la Cour des aydes en Normandye pour la vicomté de Baieux. » — Commencement : « Jean de Cussy... » — A la fin, table qui contient les noms des nobles, le nom des fiefs qu'ils possèdent et le temps de leur anoblissement. — En marge, quelques annotations du XVIIIe siècle.

XVIIe siècle. Papier. 260 feuillets. 300 sur 190 millim. Rel. parchemin. — (Guérin.)

18. Recherche de la noblesse de Normandie de MM. de Roissy, Répichon et de Croismares.

On trouve à la fin du présent registre une table de tous les noms avec renvois aux pages. — Cf. le manuscrit 16, pour ce qui regarde la Recherche de Roissy, Répichon et de Croismares.

XVIIIe siècle. Papier. 245 pages. 335 sur 210 millim. Rel. parchemin. — (Guérin.)

19-23. Recherche de la noblesse de Normandie par Chamillard. (Cinq volumes.)

Tome I. État des anciens nobles suivant Montfault.

Tome II. Nobles qui ont prouvé 4 degrés.

Tome III. Anoblis et dates de leur anoblissement. — Dans ce troisième volume, on trouve un très grand nombre de feuilles cousues et contenant des notes généalogiques.

Tome IV. Usurpateurs de noblesse, condamnations, amendes.

Tome V. Table.

XVIII* siècle. Papier. 140, 128, 95, 25 et 8 feuillets. 318 sur 190 millim. Broché. — (Guérin.)

24-27. Vigiliae Joannis Petite.

Recueil sur l'Écriture Sainte. — Théologie. — Histoire, etc., disposé par ordre alphabétique.

Tome I. A-G. — A la fin, Panégyriques. — Plans de sermons.

Tome II. H-Z. — Fol. 1 : « Ex dono Magistri Sebastiani Dufour, magni archidiaconi Baiocensis. » — A la fin, nomenclature des soixante-dix coutumes de France. — Puis des notes sur les prophètes, les apôtres, les évangélistes, les martyrs, etc.

Tome III. A-L. — Au commencement on lit :

« Carpere vel noli nostra vel cde tua.
Plurima collegi, variis ne sparsa scorsim
Scripta volent foliis, rapido ludibria vento.
Ne pereant flores dispersi saepe revolve,
Æternos coelo ut valeas producere fructus.

Cum sis mortalis, liber, et re ac nomine *Parva*
Vive tibi, et *Longe* nomine magna fuge.
Urbs Melodunensis vitam [1], Lutetia [2] sponsam
Chrisma [3] Senon, cleri Baioca [4] jura dedit. »

[1] 15 mai 1619. — [2] 5 novembre 1651. — [3] Septembre 1661. — [4] 20 mai 1662.

Fol. 1. Index titulorum omnium extantium in 4 voluminibus Vigiliarum Joannis Petite. Cette table a été reliée par erreur au commencement du troisième volume, au lieu d'être à la fin du quatrième. — A la suite de cette table, on lit :

Epitaphium Joannis Petite, Melodunensis, presbyteri, canonici de Amayeo, officialis Baiocensis, et Sanctae Sedis apostolicae protonotarii, nati et baptisati in ecclesia S. Apasii Meloduni, 16 mai 1619.

« Melodunum patria est, cognomen Parva, Joannes
Nomen, de Senonum chrismate metropoli ;
Lutetiae coluit musas, fora antiqua, penates,
Uxorem ; amissa hac, munia sancta subit.
Baiocis judex cleri de grege, notavit
Roma suum pileo ; thure notare queas. »

Puis à la page suivante : « Index pour l'explication des textes de l'Écriture Sainte, contenus dans mes trois volumes de manuscrits. »

Tome IV. M-Z. — A la fin : « Index pour savoir plusieurs particularités de l'histoire des roys de France, dont est fait mention *supra sparsim*. » — Après, vient un autre petit dictionnaire, principalement des noms propres.

XVIIe siècle. Papier. 1135, 1171, 876 et 809 feuillets. 290 sur 170 millim. Rel. basane claire. (Jean Petite. — Chapitre de Bayeux.)

28. « Ecclesiastica, Canonica. »
Tel est le titre imprimé sur le dos du volume, qui contient un recueil de divers opuscules de Jean Petite.
Fol. 1. Traité de droit canon. — Fol. 6. De l'alliance entre Dieu et les hommes par les deux Testaments. — Fol. 24. De l'appel contre les jugements ecclésiastiques. — Fol. 36. Des bénéfices. — Fol. 67. Bibliothèque du Vatican. — Fol. 68-328. Droit canon, Théologie, Blason, etc. — Fol. 340. Idée générale de la France en 1669. Rois, Archevêchés, Évêchés, etc., le tout par ordre alphabétique. — Fol. 410-732. Droit canon, Théologie. — Fol. 806. Des séminaires. — Fol. 822. « Établissement du séminaire de Lion sous la conduite de Mrs de Saint-Sulpice. » — Fol. 826. Réglements pour les séminaires. — Fol. 865. Observations sur les statuts de l'évêché de Bayeux.

XVIIe siècle. Papier. 989 feuillets. 220 sur 165 millim. Rel. veau fauve. (Jean Petite. — Chapitre de Bayeux.)

29. « Compendium de toutte la théologie morale et pratique, pour les confesseurs. »
Au commencement, on lit : « Au Père Constance, de Rouen, capucin. » — Page 1 : « Capucins de Caen. » — Et plus loin : « Le Boucher, prêtre » (qui fut en religion le célèbre Père Pacifique, gardien des Récollets, du couvent de Sainte-Paix de Caen).
Ce manuscrit, fort bien écrit, est par ordre alphabétique des matières ; il y a une table à la fin.

XVIIIe siècle. Papier. 518 pages. 185 sur 120 millim. Rel. veau brun. — (Guérin.)

30. Anonymi tractatus de Ecclesia.
Au commencement, belle gravure : « Descente du St Esprit sur les Apôtres. »
« Cursus theologicus. Sacram ingredientes theologiam... » (8 pages.)

Pages 1-519. « Tractatus de Ecclesia. » Puis : « Appendix ad tractatum de Ecclesia. » (46 pages.)

A la fin : « De Ecclesia, theses theologicae et historicae in quatuor partes distributæ, quas propugnabunt, Deo dante et auspice Virg. Deipara, Fr. Carolus Lespicier et Fr. Jacobus Fortet, ambo diaconi Benedictini e cong. S. Mauri, in regali abbatia Sancti Eligii Noviomensis, 1721. » (Imprimé, in-4°.)

XVIII⁰ siècle. Papier. 565 pages. 260 sur 190 millim. Rel. veau fauve.

31. « Antilogie par Mᵉ F. C. p. c. d. L. c. L' e. e. d. B. pendant les mois de février, mars, avril, may et juin 1682. Antilogie du livre intitulé : « La Grandeur de l'Église Romaine établie sur l'autorité de sainct Pierre et de sainct Paul, justifiée par la doctrine des papes, des pères et des conciles, à l'écrit de l'Autorité de sainct Pierre et de sainct Paul, et de réponse à trois livres publiez contre cet écrit, par D. Pierre de St. Joseph, Mʳᵉ Habert et Monsieur l'evesque de Lavaur. »

La couverture est formée de deux feuillets d'un Vespéral noté du XIV⁰ siècle.

XVII⁰ siècle. Papier. 165 pages. 240 sur 180 millim. Cart. parchemin.

32. Anonymi tractatus de Ecclesia.

A la première page, on lit : « Scriptum a S. M. N. Guilielmo Le Goupil (?),... Sorbonico, hujusce domus alumno... »

Fol. 1. « Temporalis Christi regni sive Ecclesia. — Liber primus. Antiquitas regni Christi... »

XVIII⁰ siècle. Papier. 318 feuillets. 380 sur 250 millim. Rel. veau brun. — (« FF. Minorum Baiocensium. »)

33. « Tractatus de Incarnatione », auctore domino Le Moyne.

XVII⁰ siècle. Papier. 259 pages. 295 sur 203 millim. Cart. parchemin.

34. Anonymi « tractatus de Incarnatione et Sacramentis in genere. — Tomus secundus. — In tertiam partem D. Thomae. »

Fol. 1. « De Incarnatione. » — Fol 210. « De Sacramentis in genere. » — Fol. 265 v°. « De Baptismo. » — Fol. 319 v°. « De Confirmatione. » — Fol. 339 v°. « De Eucharistia. »

On trouve, dans l'inventaire de la bibliothèque des prêtres de la Mission de Bayeux, que le premier volume traitait : « De Deo uno et trino, et de Angelis. »

XVIIe siècle. Papier. 459 feuillets. 277 sur 203 millim. Rel. parchemin. — (« Congregationis Missionis Baiocensis. »)

55. Anonymi theologia moralis (1743).
Fol. 1. « De sacramentis in genere. » — Fol. 29. « De Baptismi sacramento. » — Fol. 39 v°. « De sacramento Confirmationis. » — Fol. 44 v°. « De augustissimo Eucharistiae sacramento. » — Fol. 66. « De sacramento Poenitentiae. » — Fol. 90 v°. « De sacramento Extraemae Unctionis. » — Fol. 92 v°. « De sacramento Ordinis. » — Fol. 98. « De sacramento Matrimonii. » — Fol. 118. « Appendix de censuris. » — Fol. 126. « Tractatus de Ethica, seu morum scientia. » — Fol. 146. « Tractatus de Legibus. » — Fol. 163. « Tractatus de Peccatis. » — Fol. 180 v°. « Tractatus de Justicia et jure. » — Fol. 194 v°. « Tractatus de Contractibus. » — Fol. 197. « Theses theologicae de sacramentis. »

XVIIIe siècle. Papier. 215 feuillets. 220 sur 170 millim. Rel. basane claire.

56. Guillelmi Parisiensis tractatus de Sacramentis.
Fol. 1. Commence : « Quoniam me sepius rogasti... » — Fol. 58. « Sequitur tabula ad cognoscendum contenta in hoc libro. »
Fol. 63. « Speculum Ecclesie. Dicit Apostolus ad Ephesios,... sexto : Induite vos armatura Dei ut possitis stare adversus insidias diaboli... — ...Subsequitur honorem in bonis operibus. »
Fol. 75-76. Deux tables du Comput, en tête desquelles est écrit : « Januarius, anno Domini 1521. »

XVe siècle. Parchemin. 76 feuillets. 205 sur 150 millim. Rel. cuir avec ais de bois. — (« Congregationis Missionis Baiocensis. »)

57. Sacramentale Guillelmi de Monte Lauduno.
Commence : « Hic incipit sacramentale Guillelmi de Monte Lauduno. Carissimo filio suo ac socio spirituali domino Poncio de Villamuro, in jure canonico bacalario excellenti, G. de Monte Lauduno, inter alios doctores decretorum minimus, salutem. Cum sospitate hominis utriusque, dilecte vir... — De caractere. Signatum est super nos

lumen vultus tui, Domine... — ...de quo dicetur in titulo de Sacramentis in fine. »

A la fin, on lit : « Hic liber est scriptus qui scripsit dictus Oberus.
Anno 1360. »

> XIVᵉ siècle. Parchemin. 65 feuillets à 2 col. 350 sur 245 millim.
> Rel. parchemin et ais de bois. — (« Ex biblioth. capituli Baiocensis. »
> — Guérin.)

38. Raimundi de Pennaforti summa de poenitentia et matrimonio.

Fol. 1. « Incipiunt capitula summe de casibus. » (Table.) — Com-
mence : « Quoniam, ut ait Jeronimus, secunda post naufragium... ego
Raimundus, frater ordinis Predicatorum minimus... » — Finit :
« ...Venite benedicti percipite regnum. Amen. »

Fol. 143. « Summa de matrimonio. Cum frequenter in foro peni-
tentiali... — ...corrigat et emendet. »

Fol. 166. « Innocentius IIIIᵘˢ, in concilio generali apud Lugdunum.
Perlectis litteris vestris... »

Fol. 172 vº. Anonymi tractatus de vitiis et virtutibus. « De peccato
in generali. Augustinus de Civitate Dei. Peccatum a Deo est volunta-
rium... — ...tota trinitas gloriam. »

Fol. 181. « Quindecim signa. — Quatuordecim articuli fidei. —
Decem precepta. — Septem aetates. — Septem dotes. — Septem sacra-
menta. — Septem virtutes. — Septem opera misericordie. — Septem
dona sancti Spiritus. — Septem artes. — Septem peccata mortalia. »

Fol. 183. Anonymi summa de virtutibus. « De nomine virtutis.
Cupientes aliquid excipere de hiis que continentur in summa de virtutibus... — ...salvos f. o. m. terre. »

Fol. 210. Anonymi « summa de viciis vij. Dicturi de singulis viciis
incipiamus a vicio gule... — ...verbo ex ore suo. Explicit summa de
viciis. »

Fol. 235 vº. « Incipiunt notabilia V librorum Decretalium. De consti-
tutionibus. Impudicus oculus... — ...facere quis homagium teneatur. »

Fol. 251. « Liber Sententiarum. Supposito quod in theologia... —
...hec de pedibus sedentis super solium. Explicit liber Sentenciarum. »

Fol. 316 vº. Interpretationes. « A prepositio est et interjectio...
Abba sirum est et hebreum... — ...Zona... » — Fol. 368, autre glossaire : « Abnuere, id est refutare... — ...ypotheca, id est universa
substantia. »

Au commencement, on lit : « Iste liber est deputatus ad usum fratris Johannis de Caen, ordinis Minorum, conventus Baiocensis. » — Au dessous : « Dyonisii Godefroy, heredis Jacobi Perrée » ; — et plus loin : « Ad usum Jacobi Perrée, conventus Baiocensis. »

XIII⁰ siècle. Parchemin. 381 feuillets à 2 col. 140 sur 100 millim. Rel. bois et cuir gaufré, un côté brisé. — (« FF. Minorum Baioc. » — Guérin.)

39. Guillelmi Rayothi summa confessorum abbreviata.

Fol. 1. « Incipiunt tituli primi libri. De symonia... — De symonia titulus primus, questio I. Quid est symonia ?... Symonia est spiritualium vel annexorum... — ...ypothecam. Explicit summa confessorum abreviata a fratre Guillelmo Rayotho, de ordine Predicatorum, et quondam priore provincialis in Francia. Summa omnium questionum contentarum in dicta summa duo milia trecente quadraginta et sex. » — Suit une table, à la fin de laquelle, on lit : « Explicit tabula compendiata super compendium summe confessorum. Deo gratias. »

A la suite, 4 feuillets d'une écriture différente. — Court traité sur le Décret : Commence : « Ad totius libri Decretorum intelligentiam... » Finit : « ...et terminatur liber in duobus capitulis de Spiritu sancto. Amen. »

On lit à la fin : « Pro Joanne Cingal presbitero ; Baiocis. J. Cingal. »

XIV⁰ siècle. Parchemin. 210 feuillets à 2 col. 210 sur 145 millim. Dérelié. — (Chapitre de Bayeux.)

40. « De la jurisdiction du Grand Aumônier de France, dans les causes de mariage. »

Suit un « Traité des Bénéfices, avec les arrests qui ont été rendus sur chaque fait, tant au Parlement, au grand conseil, qu'au conseil privé du Roy ».

XVIII⁰ siècle. Papier. 201 feuillets. 270 sur 200 millim. Cartonné.

41. « Liber Pastoralis beati Gregori pape. »

Fol. 1. « Symbolum fidei dictatum a beato Gregorio papa. Credo in unum Deum omnipotentem... »

Fol. 1 *bis*. « Gregorius Johanni Constantinopolitano, Eulogio Alexandrino, Gregorio Antiocheno, Johanni Jerosolimitano, et Anastasio ...Consideranti mihi quod impar... » (Greg. ep. 25.)

Fol. 6. « Incipit liber Pastoralis beati Gregorii pape. Pastoralis cure me pondera... — ...manus levet. Explicit liber Pastoralis beati Gregori pape. »

Fol. 64 v°. « Sententia ex sermone Augustini de verbis Evangelii. Nemo ante tempus deserat aream... —...vel approbationis adjungitur. »

XII° siècle. Parchemin. 64 feuillets. 190 sur 125 millim. Rel. avec ais de bois, un côté brisé. — (Guérin.)

42. Petri Suberti et Petri de Pennis opuscula.

Fol. 1. Petri Suberti liber de cultu vineae. « Ite et vos in vineam meam. Math. XX° capitulo. Dicit Spiritus sanctus per organum Ysaye. » —(Fol. 5.) « Hiis presuppositis pro directione fructus episcopalium visitantium, ego Petrus, sola Dei clementia, Sancti Papuli episcopus, considerans quod propter multitudinem negotiorum occurrentium, tempore visitationum episcopi et prelati, visitationem non possunt in singulis ecclesiis, ut decet, cum honore episcopali cathedre... in hoc opere *de cultu vinee* intitulato, ad laudem et gloriam sancti muneris animarumque salutem collexi (*sic*) multa que tractanda in visitationibus... » (Fol. 173.) « Explicit tractatus de visitatione. Deo gratias. »

Fol. 173 v°. « Incipit liber contra Judeos, nomine Thalamoth [auctore Petro de Pennis]. Primo de Trinitate, secundo de Eternitate, tertio de Humanitate, quarto de Majestate... Legimus in libro Regum, quoniam rex Assuerus... » (Fol. 182 v°.) « Christus, filius Dei, passus, cui laus et gloria in secula seculorum. Amen. Explicit liber contra Judeos, nomine Thalamoth, vel nuncupatur Pharetra Judeorum. »

Fol. 183. « Incipit tractatus contra falsitates legis Machometi.... compilatus a fratre Petro de Pennis, ordinis fratrum Predicatorum... Quia Predicatorum ordo evangelicus per alumnum Christi... — ...potius sequi debent Christiani... Evangelium quam Machometus et ipsum Alchoranum. »

A la première page on lit : « Communitatis Sancti Martini de Monte Dei. »

Au dernier feuillet cette autre note : « Hic liber est reverendissimi in Christo patris ac domini domini Ludovici de Harecuria, episcopi quondam Bituricensis, mox Narbonensis archipresulis, nunc autem patriarche Hierosolimitani, episcopi Baiocensis, administratoris perpetui monasterii de Lira, dyocesis Ebroicensis, MCCCC° LXXII°. »

XV° siècle. Papier. 207 feuillets. 302 sur 217 millim. Dérelié. — (Chapitre de Bayeux.)

43. « Loci communes collectionum super rarioribus materiis », par Mᵉ François-Théodore de Nesmond, président au Parlement.

Fol. 410. OEuvres morales de Plutarque.

« Ex dono D. D. Sebastiani Dufour, archidiaconi et officialis Baiocensis. »

XVIIᵉ siècle. Papier. 449 feuillets (quelques feuillets manquent à la fin). 335 sur 223 millim. Rel. basane brune. — (Chapitre de Bayeux.)

44. Anonymi « Loci communes omnium fere materiarum veteris et Novi Testamenti, ordine alphabetico, retro digesti, divini verbi concionatoribus utilissimi ».

Au commencement on lit : « Magister Joannes Duchemin elegit domicilium apud Samsonem Passant, civem Cadomensem, in parrochia Sancti Nicolai, prope abbatiam Sancti Stephani. »

A la fin : « Tabula admodum facilis sive index rerum hujus voluminis. »

XVᵉ siècle. Papier. 176 feuillets. 235 sur 175 millim. Rel. parchemin.

45. Lieux communs pour sermons.

Ce manuscrit renfermait 253 feuillets. Il ne commence plus qu'au feuillet 49, par le mot « Dieu ». Un très-grand nombre de feuillets ont été enlevés (de 68 à 103) ; de même à la fin. Dans ce volume, on trouve beaucoup de sermons, sur feuilles détachées. Tout le manuscrit a été écrit, croyons-nous, par M. Gosset, chanoine de Saint-Jean et official de Bayeux.

XVIIIᵉ siècle. Papier. 126 feuillets. 215 sur 173 millim. Rel. parchemin.

46. Recueil de Sermons, de différents auteurs.

Au commencement, table. — Chaque sermon porte le nom de son auteur : « Mascaron, Jolly, le P. Archange, de Lingendes, évêque de Mascon, Birouey, Le Roux (*sic*), Dom Cosme, Fromentières, Bossuet. »

XVIIIᵉ siècle. Papier. 680 feuillets. 240 sur 175 millim. Rel. parchemin.

47. « Conciones Adventuales. 1614. »

Sur la couverture, on lit : « Au Révérend Père Bucaille, prédicateur. »

XVIIᵉ siècle. Papier. 148 feuillets. 210 sur 165 millim. Cart. parchemin.

48. « Sermones kadragesimales magistri Symonis Cupersi, ordinis sancti Augustini, conventus Baiocensis, super Evangelia. »

Commence : « Feria 4ª cinerum... Cum jejunas, unge caput tuum... Sancta mater Ecclesia incipit recolere et celebrare tempus... »

Table alphabétique, à la fin, suivie de cette note : « Explicunt sermones quadragesimales fratris Symonis Cupersi, conventus Baiocensis, ordinis fratrum heremitarum Sancti Augustini, cum tabula ad singulas materias in dictis sermonibus contentas reperiendas, secundum ordinem alphabeti; etiam cum introductionibus sermonum pro singulis dominicis tocius anni super Epistolas et Evangelia. Deo gratias. »

XVᵉ siècle. Parchemin. 201 feuillets à 2 col. 335 sur 250 millim. Rel. bois, un ais cassé, deux agrafes en cuir.

49. Biblia sacra (Paul. Act.).

Fol. 446. Interpretationes nominum hebraïcorum. « Aaz, apprehendens vel apprehensio... »

A la fin, on lit : « Ista Biblia data et eleemosinata fuit couventui Carmelitarum Cadomensium per paginam testamenti venerabilis viri magistri Ricardi Autin super signati, dum viveret curati majoris portionis ecclesie de Barone, cujus animae propiciet Deus; et liberata per Radulfum Autin ejus nepotem et heredem fratri Johanni Vertprey, priori, in presentia fratrum et mei notarii publici, anno Domini Mº CCCCᵐᵒ XXXVIº, pro usu conventus. Blancagnel. » — Puis après : « A esté donnée au R. Père Heuzé, Augustin, par le curé de Vouilly. »

Sur la garde de la fin est collée cette étiquette : « Ce livre a été relié à Caen, chez Th. Le Cordier, libraire, demeurant Froide-Rüe, Grande rüe, au Grand Carolus, en l'an 1661. »

XIIIᵉ siècle. Parchemin. 1034 pages à 2 col. 177 sur 118 millim. Initiales peintes, à personnages. Rel. basane brune. — (Augustins de Sainte-Anne de Bayeux.)

50. Miscellanea theologica.

Fol. 1. « Synopsis historiae ecclesiasticae Testamenti veteris. De Mose. Quaeres an Moses fuerit omnium scriptorum primus? » — Fol. 83. « De Christo Jesu Domino nostro, auctore novi Testamenti. » — Fol. 100. « Tractatus de Ecclesia. » — Fol. 166. « De predicationis evangelicae in Galliis exordio. » — Suit une série de questions sur les Conciles, les synodes et sur plusieurs saints. — Fol. 250. « De Chorepiscopis. »

XVIIe siècle. Papier. 354 feuillets. 327 sur 210 millim. Cartonné. — (Congrégation de la Mission de Bayeux.)

51. S. Thomæ Aquinatis expositio in evangelium S. Johannis.

Commence : « Divine visionis sublimitate illustratus Ysaias... » — Plusieurs feuillets manquent à la fin. Ce manuscrit était déjà dans cet état en 1472, car au dernier feuillet on lit : « Hic liber est reverendissimi in Christo patris ac domini domini Ludovici de Harcuria,... M. CCCC° LXXII°. » — Puis : « Hunc librum reverendissimus pater donavit capitulo Baiocensi, septemb. M. CCCCLXXV°. Egidius. »

Sur la feuille de garde on lit : « Hunc librum michi donavit venerabilis vir magister Bernardus de Casafaga, bachalarius formatus in theologia, decanus venerabilis ecclesie Barcinonensis in Arragonia. (Signé :) Cybole. »

XIIIe siècle. Parchemin. 143 feuillets. 370 sur 250 millim. Rel. parchemin, avec ais de bois. — (Chapitre de Bayeux.)

52. Nicolai de Lyra postilla in Pentateuchum.

Commence : « Incipit liber Genesis. In principio creavit Deus celum et terram. — Omissis divisionibus curiosis... — ...Explicit postilla super Deuteronomium edita a fratre Nicolao de Lira, de ordine fratrum Minorum. » — Nombreuses additions marginales.

Fin du XIVe siècle. Parchemin. 191 feuillets. 365 sur 255 millim. Rel. cuir et bois (un côté manque), gros clous en cuivre. — (« Ex biblioth. FF. Minorum Baiocensium. »)

53. Nicolai de Lyra postilla in Pentateuchum et libros Josue, Judicum et Ruth.

Commence : « Hec omnia liber vite... secundum quod dicit beatus Gregorius, omelia XXV... » — Fol. 2 v°. « Explicit prologus primus de commendatione sacre Scripture in generali. — Incipit prologus secundus de intentione actoris et de modo procedendi. » — Fol. 4. « Incipit postilla super Genesim, edita a fratre Nicholao [de Lyra]. In principio creavit Deus... » — Finit : « Explicit postilla super librum Ruth. »

Fol. 266 v°, on lit : « Et fuit dictus liber completus per Alanum Lecesne, Baiocensis dyocesis, anno Domini millesimo CCCC° LXV°, xxe die mensis junii. » — Et d'une autre écriture : « Iste liber est magistri Ursini Tibout, doctoris theologie,... tunc canonici Baiocensis et vicarii generalis reverendissimi domini Ludovici de Haricuria, patriarche Jerosolimitani et episcopi Baiocensis, anno Domini Mᵒ CCCCᵒ LXXVIIIᵒ. Anima ejus requiescat in pace. » — Alain Lecesne a aussi copié le volume suivant en 1465.

Fol. 1, 73 et 154, se trouve cette note : « Ad usum Johannis Chefdeville, emptus 20 solidis 1586. »

XVᵉ siècle. Parchemin. 269 feuillets à 2 col. 360 sur 270 millim. Belles initiales peintes. Curieux dessins. Rel. bois et peau blanche.

54. Nicolai de Lyra postilla in Machabaeorum libros II, Esdrae librum IIᵘᵐ, libros Sapientiae et Ecclesiastici.

Plusieurs feuillets manquent au commencement : — Fol. 1. « ...Et transfretavit primus ut... — Explicit postilla magistri N. de Lyra super primum librum Machabeorum. » — Fol. 20. « Explicit postilla famosissimi doctoris magistri Nicholai de Lyra, de ordine fratrum Minorum, super 2ᵈᵘᵐ librum Machabeorum... Postilla super 2ᵈᵘᵐ librum Esdre. » — Fol. 27 vᵒ. « Liber Sapiencie. » — Fol. 53. « Liber Ecclesiasticus. » — Fol. 125. « Explicit postilla super librum Ecclesiasticum... Et fuit dictus liber completus per Alanum Lecesne, Baiocensis dyocesis, 1465, penultima die octobris. Deo gratias. »

Sur la feuille de garde, à la fin, on lit cette note : « Ego Ursinus Tibout feci scribi hoc volumen magistri Nicolai de Lyra supra libros Biblie non canonicos, tempore quo mansi in domo reverendissimi domini patriarche Jerosolimitani, episcopi Baiocensis, et fuit completus in scriptura anno Domini 1465 per quemdam scolarem diocesis Baiocensis. » Le copiste de ce manuscrit est le même que celui du volume précédent, Alain Lecesne.

XVᵉ siècle. Parchemin. 125 feuillets à 2 col. 350 sur 270 millim. Rel. bois et peau blanche, un côté brisé (restent encore les ferrures de la chaîne).

55. Bedae tractatus in Canticum Canticorum, etc.

Fol. 1. « Bede tractatus in Cantica Canticorum. »

Fol. 63. « De inventione reliquiarum. » (Lect. IX in festo.)

Fol. 64. « Vita sancti Thome, archiepiscopi Cantuarie et martiris. Gloriosi martiris Thome, fratres karissimi... — ...per omnia secula seculorum. Amen. »

Fol. 67 (d'une autre écriture). « Vita sancti Ursini. Domino nostro Jesu Christo de Maria virgine temporaliter nato... — ...Tu autem, Domine, miserere nostri. »

Fol. 74. Fin de la vie de saint Thomas. (Ce passage a été recopié au fol. 68 avant la vie de saint Ursin.)

Fol. 74 v°. « In natali domini Jesu Christi... » — Fol. 75 v°. « In die Epiphanie domini nostri Jesu Christi. Lec. IX. » — Fol. 76 v°. « In Purificatione sancte Marie virginis. Lc. IX. » — Fol. 77 v°. « In Annunciatione sancte Marie virginis. Lc. IX. » — Fol. 78 v°. « In Assumptione sancte Marie virginis. Lc. IX. » — Fol. 79 v°. « In Nativitate sancte Marie virginis. Lc. IX. » — Fol. 80 v°. « In die Pasche. Lc. III. » — Fol. 81 v°. « In die Ascensionis Domini. Lc. III. » — Fol. 82 v°. « In die Pentecostes. Lc. III. » — Fol. 83 v°. « De sancta Trinitate. Lc. IX. » — Fol. 84. « In natali sanctorum martirum Ravenni et Rasiphi. Lc. IX. Que autem hic divina virtus horum sanctorum... — ...medicine persensit virtute. » — Fol. 85. « In die Omnium sanctorum. Lc. I. » — Fol. 86. « Incipit revelatio quam sanctus Ambrosius vidit de corporibus sanctorum Gervasii et Prothasii. Ambrosius, servus Christi, fratribus per omnem Ytaliam... » — Fol. 88. « De sancta Margarita. Anno ab incarnatione Domini fere ducentesimo nonagesimo... » — Fol. 91. « De sancto Augustino. Ex provincia Africana, civitate Tagastensi... — ...vicinis collocatus est. »

Fol. 92 (d'une écriture plus fine). Lettre du chapitre de Rouen aux évêques de la province de Normandie (1207-1208). « Venerabilibus patribus R., Baiocensi, W., Abrincensi, L., Ebroicensi, S., Sagiensi, J., Lexoviensi, et V., Constantiensi, Dei gratia episcopis, R., decanus totumque ecclesie Rothomagensis Capitulum salutem. Post interdictum pro detentione hominis nostri... — ...rite peractis, solvimus interdictum. » (Sans date.)

Fol. 93. « Lectio sancti Evangelii. Secundum Lucam. In illo tempore factum est cum loqueretur Jesus ad turbam... — ...et ubera que lactassent beatificantur. »

> XII° siècle. Parchemin. 93 feuillets à 2 col. 335 sur 225 millim. Rel. bois et peau blanche.

56. S. Augustini de civitate Dei libri XXII.

Au commencement se trouvent deux feuillets, en mauvais état, renfermant une table des matières.

Fol. 1. « Augustini ex libro Retractationum... — ...Incipit liber Aurelii Augustini de Civitate Dei adversus Paganos. »

Un certain nombre de feuillets manquent à la fin.

Sur le plat gauche de la couverture se trouve l'inscription : « De Civitate Dei » écrite sur parchemin, et recouverte de corne blanche, rivée avec clous de cuivre.

XIIᵉ siècle. Parchemin. 382 feuillets à 2 col. 330 sur 240 millim. Rel. bois et cuir. — (Chapitre de Bayeux.)

57-58. S. Gregorii Magni Moralia in Job.

Tome I. (Les quatre premiers feuillets ont été recopiés au XVᵉ siècle.)

Le premier volume finit : « ...ideo tenebunt eum viri et non audebunt contemplari omnes qui sibi videntur esse sapientes. »

Tome II. — Commence : « Moralia beati Gregorii per contemplationem sumpta, libri sex; pars quarta (Lib. XVII) incipit. Quotiens in sancti viri historia per novum volumen inodari typice locutionis aggredimus... » — Finit : « ...hoc in opere inconsulte temerare presumat. Finit. » — « Hic liber est scriptus qui scripsit sit benedictus. »

Sur le feuillet de garde, en tête du volume, on lit : « Moralia beati Gregorii ecclesie Baiocensis. — Ego Ricardus Maloysel legi in isto libro, anno MᵒCCCCᵒ primo. »

Belles initiales peintes, à personnages; les plus grandes mesurent 325 sur 170 millim.

XIIᵉ siècle. Parchemin. 165 et 196 feuillets à 2 col. 480 sur 355 millim. Rel. peau de truie. — (Chapitre de Bayeux.)

59. Guillelmi Duranti speculum judiciale.

Fol. 1. « In nomine Domini et gloriose Virginis, matris ejus, incipit speculum judiciale a magistro Guillermo Duranti compositum. Rubrica. Reverendo in Christo patri ac suo domino Octobono, Dei gratia, Sancti Adriani diacono cardinali, magister Guillermus Duranti, domini pape subdiaconus et capellanus, inter decretorum professores minimus... De throno Dei procedunt fulgura, voces atque tonitrua... »

Fol. 308. « Repertorium magistri Guillermi Duranti. Rubrica. — Reverendo in Christo patri ac domino Matheo, Dei gratia, Sancte Marie in Porticu dyacono cardinali, magister Guillermus. — Explicit Repertorium magistri Guillermi Duranti, Normani. Amen. »

Capitales et ornements, peints et dorés, à personnages ; le haut des feuillets est fortement taché d'eau.

XIV⁰ siècle. Parchemin. 369 feuillets à 2 col. 450 sur 283 millim. Rel. peau de truie. — (Chapitre de Bayeux.)

60. Joannis Balbi Januensis Catholicon.

Fol. 1. « Incipit Summa que vocatur Catholicon, edita a fratre Johanne de Janua, ordinis fratrum Predicatorum. » — La fin manque ; le volume se termine au mot : « Zona, ne... »

XIV⁰ siècle. Parchemin. 337 feuillets à 2 col. 438 sur 310 millim. Rel. peau de truie. — (Chapitre de Bayeux.)

61. Missel et Pontifical d'Étienne de Loypeau, évêque de Luçon.

Au commencement sont 10 feuillets, renfermant le calendrier, les rubriques et la table.

Fol. 1. « Canon supra Kalendarium magistri Petri de Dacia dicti Philomena. » — Fol. 1 v°. Calendrier dans lequel on lit (fol. 3) : « Synodus Lucionensis semper celebratur Jovis post Cantate » ; — et (fol. 6) : « Synodus Lucionensis semper fit Jovis ante festum beati Luce. » — Fol. 7 v°. « Tabula principalis Gellandi. » — Fol. 8. « Contra tabula Gellandi. » — Fol. 8 v°. « Tabula ad invenienda festa mobilia. » — Fol. 9. Deux curieux tableaux circulaires, portant la date de 1321. — Fol. 9 v°. « Canon supra tabulam signorum lune. » — Fol. 10. « Tabula ad sciendum in quo sit luna et in quo gradu illius signi. » — Fol. 10 v°. Table générale du volume. « Incipiunt rubrice presentis libri, circa principium libri post kalendarium. Quid pontifex debet dicere se induendo vestibus pontificalibus se eciam exuendo... »

Première partie. Fol. iii. Peinture représentant l'Annonciation. — Fol. lxxviiii v°. Peinture : entrée triomphale de Jésus à Jérusalem. — Fol. c, manque. — Fol. cxvi. Manque. Ce feuillet se trouve aujourd'hui dans la collection Mancel, à Caen. — Au verso : « In die sancto Pasche. » Peinture représentant la Résurrection. — Fol. cxxxi. Aujourd'hui dans la collection Mancel. — Partie de la messe de l'Ascension. Au verso : « In die Ascensionis, introitus... » — Peinture : Ascension de Notre-Seigneur. — Fol. clxv. Manque. (Fête-Dieu.) — Fol. ccxxiv. Canon de la messe : « Te igitur, clementissime Pater... » Splendide page peinte et ornementée. Mystère de la très sainte Trinité. — Jésus mort sur la croix.

Après le fol. ccxxvii, recommence une nouvelle pagination pour la seconde partie.

II⁰ partie. Fol. i. A la collection Mancel : Martyre de saint Étienne. — Fol. iv, xi, xvi, xxi manquent. — Fol. vii. A la collection Mancel : « In festo presentationis. Benedictio luminum. » Au verso, peinture représentant la Présentation.

Fol. xxii v°. « In translatione beati Hylarii, ad missam, introitus. » Peinture représentant S. Hilaire évangélisant les peuples.

Fol. xxix v°. « In festo beate Marie Magdalene. » Jolie peinture. — Fol. xxxvii v°. A la collection Mancel. Martyre de S. Laurent. — Fol. xxxix, xlv, xlix, liv, lvii, lviii manquent. — Les 4 feuillets suivants sont à la collection Mancel : l, Martyre de saint Denis et de ses compagnons; — lii v°, « In die omnium Sanctorum. » Belle peinture ; — lvi, la controverse de sainte Catherine (peinture); — lx, les douze Apôtres (peinture). — Quatre feuillets au moins manquent à la fin. Ce manuscrit a été légué au Chapitre, le 12 avril 1474, par Louis d'Harcourt, patriarche de Jérusalem et évêque de Bayeux. — Voyez sur ce volume une savante notice de M. L. Delisle dans la *Bibliothèque de l'École des chartes*, 1887, p. 527-534.

XIV⁰ siècle. Parchemin. 285 feuillets à 2 col. 355 sur 260 millim. Rel. cuir gaufré. — (Chapitre de Bayeux.)

62. Missale Baiocense.

Fol. 71. « De Reliquiis ecclesie Baiocensis officium. Gaudeamus omnes in Domino... » — Prose :

« Dies clausa prodiit,
Et post noctem rediit
Lux eclipsis nescia.
Lucis hujus gaudium
Sonet nox fidelium
Cum digna melodia.
Chorus Baiocensium
Summum det preconium
Cum summa leticia.

. . . .

Signi datrix triumphalis
Dat honorem capitalis.
Jesus vita spiritalis
Vite confert gaudia.
Amen dicant omnia. »

Fol. 105. D'une autre écriture, recommence : « Ad te levavi... »

Au dernier feuillet qui est déchiré, on lit : « Les vénérables Heuriers. »

XIII⁰ siècle. Parchemin. 156 feuillets à 2 col. 320 sur 233 millim. Rel. cuir gaufré. — (Chapitre de Bayeux.)

63. « Missale Baiocense festorum principalium primae classis cujusque anni, Paschae, Pentecostes, etc..., totum ad longum sine require, ad usum, utilitatem et commodum nobilis et circumspecti viri D. D. Caroli Conseil, canonici Baiocensis, de Escayo. 1636. »

Au bas de la page, sont peintes les armes de Conseil, et on lit : « Ces armes sont celles de Leo Conseil, chancelier au XVI⁰ siècle, et de sa famille ; elles sont blasonnées de la manière suivante dans un manuscrit inédit de l'abbé Beziers : *de gueules, à la croix fleurdelisée d'argent, cantonnée d'une rose d'argent à dextre et d'une coquille d'argent à senestre.* » Il est bon de rapprocher ce passage de cet autre tiré de l'*Antiquus cartularius* (fol. 140; août 1287) : « Monseignor Guillaume Conseil prestre, mort jadis, pourvu d'une des porcions de l'iglise Nostre-Dame de Moon, en la dyocese de Baiex. »

A la fin du manuscrit, on lit : « Pour noble et discrepte personne, maistre Charles Conseil, prestre chanoine d'Esquay et sy devant curey de Vaux-sur-Seule », etc.

Les deux premiers feuillets manquent. — Page 193. « Tabula missarum, orationum et praefationum quae in hoc abbreviato missali continentur. »

XVII⁰ siècle. Parchemin. 193 pages à 2 col. 335 sur 268 millim. Rel. veau brun. — (Chapitre de Bayeux.)

64. « Commemorationes ad Vesperas et Laudes » ad usum ecclesie Bajocensis.

Ce manuscrit ne commence qu'à la page 119 « Proprium sanctorum. — Pars Hyemalis » ; — le reste a été enlevé.

Page 201. « Die xii Augusti, fit processio generalis per urbem Baiocensem... » — Page 205. « Die xv Augusti, in Assumptione B. Mariae Virginis... Post secundas vesperas, fit processio generalis, circa urbem Baiocensem, ex edicto regis Ludovici XIII, inchoata anno Domini 1638... »

Page 271. « Commune sanctorum. » — Page 299. — « Litaniae quadragesimales. »

Toutes les processions extraordinaires qui se font à la cathédrale sont indiquées dans ce volume, après chaque fête.

XVII⁰ siècle. Parchemin. 210 feuillets à 2 col. 320 sur 230 millim. Rel. bois et cuir.

65. Commemorationes ad Vesperas et ad Laudes.

Page 1. « Proprium de tempore. » (1er dimanche de l'Avent.) — Page 81. « Proprium sanctorum. »

XVII⁰ siècle. Parchemin. 196 pages à 2 col. 305 sur 223 millim. Rel. maroquin rouge, tranche dorée.

66. « Regule de accentu Epistolarum et Evangeliorum. »

Fol. 1, on lit : « Liber ad usum vicarii scolastici Baiocensis. — Hunc librum concessit ad usum vicarii scolastici Baiocensis, pro lectionibus audiendis, venerabilis vir dominus Petrus Ernaut, cappellanus ecclesie Baiocensis, cappellanie beate Margarite, et vicarius in hiis dicti scolastici dum vivebat, qui diem suum clausit extremum anno Domini M⁰ CCCC⁰ XVI⁰, xxixᵃ die decembris. Orate pro eodem, parcat sibi Deus. Amen. »

Fol. 1 v⁰, et d'une écriture différente de celle du reste du manuscrit, on lit : « Incipiunt regule de accentu Epistolarum et Evangeliorum. Accentus medius cujuslibet clausule Evangelii, seu Epistole fieri debet communiter de quatuor sillabis in altum, ponendo duas breves pro una longa, sicut : « Cadens in terra mortuum fuerit. » Aliquando fit de quinque sillabis, sicut : « Sint lumbi vestri precincti. » Fit aliquando de tribus sillabis, scilicet ubi est vocabulum declinabile unius sillabe, sicut : « Et ubi sum ego. » Et quando sunt ibi vocabula hebrea indeclinabilia ita bene fit de quinque vel de tribus sicut de quattuor, sicut : « Jacob in eternum »; et nunquam ponitur inferius primus unius vocabuli latini de duabus sillabis, nec penultima unius de pluribus sed de dictis hebreis debet fieri, scilicet prima potest poni inferius et penultima etiam, sicut : « Jesus autem et Eleasar autem », de quibus fit accentus in fine clausule sicut de uno latino unius sillabe, de hebreis declinabilibus fit medium et finis sicut de latinis, verum est quod aliquando fit predictus medius de sex sillabis, sed paucum invenitur, sicut : « Benedicta tu inter mulieres. » Et semper poni superius debent, sum, sunt, me, tu, es, te, est, nos et vos, et de adhuc fit sicut de hebreis indeclinabilibus. »

Fol. 2. Début du traité : « Hoc brevi compendio invenies quantitatem, id est longitudinem et correptionem dictionum et equivocationem et incidencia, etc., dictionum, quas reperi in legendis, vel in lecturis in ecclesia Bajocensi et quid nominis et unde diriventur prout patuit mihi, tam per versus auctorum, sive metra, quam a grecis. Et super sillabam longam ponitur l. littera, super vero sillabam brevem b. littera, et secundum ordinem alphabeti, prout potero, incipiam primo per dictiones quarum longitudo brevitasque probatur, precipue de penultimis et antepenultimis intendo procedere causa brevitatis proprie respicit accentum, ideo, etc.

Abbas. Abbatis ad cenam dat equis bis avenam.

Abigo. Quod removes abigis dubitasque quod abigis esse.

Accipiter. Odimus accipitrem quia vivit semper in armis.

Acinum. Tu dicas acinum quod in una cernis acutum.

. . . .

Vulturis. Vulturis in silvis miserum mandebat homonem. »

« Scias quod Sydonius ponit queddam verba animalium secundum vocem in libro de naturis rerum, ut canibus latrare, leonibus rugire, tigris recanare... — ...apum bombicare vel bombilare, cicadarum frincare. »

En marge sont notés les auteurs : « Grecismus, Oracius, Ambrosius, Macer, Persius, Ovidius, Prosper, Statius, Virgilius, Esopus. »

Fol. 20. Glossaire. « Ab, abs, idem significant. Abba, syriace pater, Abax, virga sive tabula quam habent geometre... — ...Zima, frumentum, gallice *levain*. Zodiacus, grece animalia, vel signa xii ^{cim} qui in eo nominibus animalium nuncupata sunt, vide alibi. »

(Fol. 39 v°.)

<pre>
I D L A N R E S E R N A L D I
D L A N R E S V S E R N A L D
L A N R E S V R V S E R N A L
A N R E S V R T R V S E R N A
N R E S V R T E T R V S E R N
R E S V R T E P E T R V S E R
N R E A V S T E T R V S E R N
A N R E S V R T R V S E R N A
L A N R E S V R V S E R N A L
D L A N R E S V S E R N A L D
I D L A N R E S E R N A L D I
</pre>

(Petrus Ernaldi.)

« J'ay nom pour nient me regardez,
Car j'ay sy a point mis mez gardez
Tout environ de mon estre,
Qui me lira sera bon mestre.
Je vaiz aval, je vaiz amont,
Commun dez beaux nom du mont.
Musc assez se n'as muscy
De lire mon nom nez refusey. »

Le nom qui se cache dans ce tableau est celui de *Petrus Ernaldi,* Pierre Ernault, le donateur du manuscrit.

Fol. 41. On trouve relié à la suite un second manuscrit d'une écriture très fine et qui peut remonter au XIII° siècle ; c'est une sorte d'Art poétique, ou de traité pour connaître la quantité des mots, auquel l'auteur a donné le nom d'*Accentarius.*

« Ecclesie sacro modulans lex metrica servit,
Cujus in amplexus humilis prosodia currit;
Pulpita musa petit, lectores exitat, in artem
Limitat, assignat normas, precepta coartat

.   .   .   .

Dum baptizatur liber *Accentarius* iste.

.   .   .   .

Balsama corripies, sed produces thumiama. »

XIV° et XIII° siècle. Papier. 56 feuillets. 225 sur 150 millim. Couvert. peau blanche. — (Guérin.)

67. Lectionarium ad usum ecclesiae Baiocensis.

Le commencement et la fin manquent ; débute à la fête de l'Épiphanie.

Au fol. 48 v°, on lit en marge d'une écriture du XVI° siècle : « Je moy Thomas le Boucher. » — Fol. 89 et 134, on lit au bas de la page d'une écriture du XVI° siècle : « Pour moy Richard Ménard. » — Fol. 254, en marge : « Ronfeugère. »

XII° siècle. Parchemin. 284 feuillets à 2 col. 355 sur 255 millim. Rel. peau de truie.

68. Lectionarium ad usum ecclesie Baiocensis.

Fol. 1. « In sancto sabbato Pasche. ...Omelia venerabilis Bede presbiteri... Vigilias nobis hujus sacratissime noctis... »

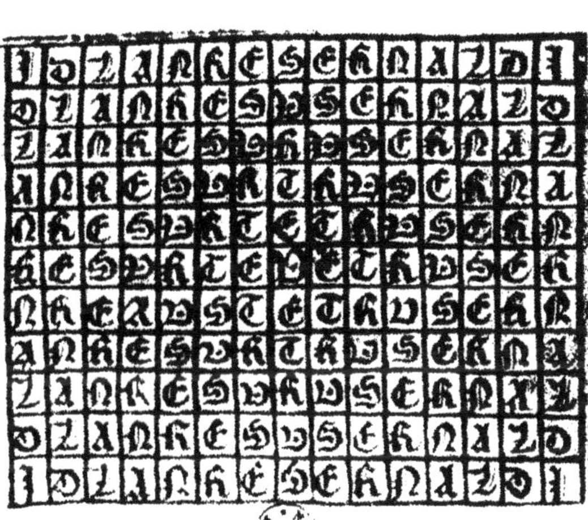

Fol. 75 et 129, en écriture du XVIe siècle, en marge : « Vigor Hamel » ; et au fol. 128 v° : « Michel Ménard. »

XIIIe siècle. Parchemin. 316 feuillets à 2 col. 415 sur 280 millim. Rel. peau de truie. — (Chapitre de Bayeux.)

69. Lectionarium ad usum ecclesie Baiocensis.

Fol. 1. « In vigilia sancti Johannis Baptiste... — Omelia venerabilis Bede presbiteri... Venturus in carne Dominus... » — Fol. 45. Proprium sanctorum. « Sanctorum martirum Johannis et Pauli... In diebus illis, Julianus Cesar... » — Fol. 75. « Sancti Clari martiris. Tempore quo rex Eadmundus Anglorum... » — Fol. 78. « De sancto Arnulpho. Beatus Arnulphus cum pro generis. » — Fol. 87. « Sancti Wandregisili. Preclarus atque gloriosus vir Domini Wandregisilus... » — Fol. 93. « Sanctorum Ravenni et Rasiphi martirum. Sicut priusquam terras splendidior... » — Fol. 109. « Sancti Pantaleonis martiris. Beatus Pantaleon natus est patre Eustorgio, matre Ebula, civibus Nicomedie... » — Fol. 113 v°. « In octava SS. Ravenni et Rasiphi. Dilectissimis fratribus suis et amicis cunctis Baiocensibus canonicis et omni clero frater Bernardus... » — Fol. 121. « Sancti Exuperii, primi episcopi Bajocensis; lectio prima. Post Domini Ascensionem, per quadrifida hujus mundi climata... » (Les 8 feuillets suivants manquent.) — Fol. 149 v°. « Sancti Taurini, episcopi Ebroicensis. In beata illa predicatorum legione, cui sanctus prefuit Dionisius, venit in Gallias Taurinus, civis Romanus... » — Fol. 179 v°. « Sancti Audoeni episcopi. Tempore Clotharii, filii Childerici regis Francorum, nati sunt in vico Sanctiaco... tres venerabiles viri : Ado, Dado et Rado... » — Fol. 196 v°. « In translatione beati Thome, Cantuariensis archiepiscopi. In illo tempore, dixit Jesus discipulis suis parabolam hanc : Homo quidam nobilis... Sermo ex commentario venerabilis Bede presbiteri. Homo nobilis ille est cui cecus supra clamabat... » — Le manuscrit finit par les 9 leçons de sainte Marthe. « Beatissima igitur et venerabilis hospita Christi Martha... — ...cunctis foliis hoc reperit scriptum. Tu autem. »

XIVe-XVe siècle. Parchemin. 220 feuillets à 2 col. 380 sur 280 millim. Rel. bois et cuir.

70. Breviarium ad usum Baiocensem.

Fol. 14. « Sancti Regnoberti episcopi; ...cum quatuor capis. » —

Fol. 66. « Sancti Exuperii, primi Baiocensis episcopi. » — Fol. 80.
« De sancto Taurino. » — Fol. 107. « Translatio sancti Regnoberti,
episcopi et confessoris. Anno incarnationis Dominice octogesimo qua-
dragesimo sexto, Balfrido, Baiocensi ecclesie presidente, apparuit beatus
Regnobertus cuidam viro nomine Herveo... » — Fol. 112 v°. « De
sancto Reverentio. » — Fol. 117. « De sancto Floscello. » — Fol. 135.
« Festum sancti Michaelis in monte Tumba. » Fol. 137 v°. « Sancti
Melloni, episcopi Rothomagensis. » — Fol. 140. « Sancti Lupi, episcopi Baiocensis. » — Fol. 145. « De sancto Vigore. » — Fol. 169.
« Sancti Manvei episcopi. In urbe Baiocassina fuit quidam vir venerabilis nomine Manveus... »

Au fol. 159 v°, sont dessinées au crayon les armes de la famille
Potier.

A la fin, on lit, de première main, cette note : « Ce livre a esté
donné en ceste église de Baieux des biens de maistre Jehan Selle, en
son vivant notaire en la court de l'église et bacheler en décret, pour
servir à gens d'église à dire leur service, lequel trespassa l'an mil cinq
cens, en mois d'octobre. Priés Dieu pour luy. Pater noster. »

    XV° siècle. Parchemin. 172 feuillets à 2 col. 380 sur 277 millim.
Rel. cuir avec ais de bois.

71. Breviarium ad usum Baiocensem.

Le commencement et la fin manquent. — Même écriture que le précédent.

Fol. 1. Proprium de tempore. « In sancto Sabbato Pasche. » —
« Explicit Temporale. Deo gratias. » — Fol. 102. Commune sanctorum. (La fin manque.)

    XV° siècle. Parchemin. 124 feuillets à 2 col. 380 sur 272 millim.
Rel. bois et cuir, un côté brisé.

72. Breviarium ad usum Baiocensem.

Fol. 1 à 7. Calendrier.

Fol. 8 (lacéré). Proprium de tempore. « Dominica prima Adventus
Domini. » — Fol. 163. « Commune sanctorum. » — Fol. 200 v°.
« Incipiunt regule generales secundum ordinem ecclesie Baiocensis.
Primo de festis duplicibus cum quatuor capis de stallo... » — Fol. 202.
Proprium sanctorum. — Fol. 209. « De sancto Gereboldo, episcopo
Baiocensi. » — Fol. 218 v°. « Sancti Contesti, episcopi Baiocensis. »

— Fol. 228. « Lectiones sancti Juliani, primi Cenomanensis episcopi. » — Fol. 286 v°. « Translatio sancti Thome Cantuariensis. » — Fol. 342 v°. « De sancto Laudo. » — Fol. 357. « Sancti Romani, Rothomagensis episcopi. »

A la fin, fol. 384. « Messire Guillaume Delon, prestre, vicaire de ceste église, fist faire et escrire cest livre, et voulut et ordonna que après son trespassement fut cy mis et atachié, afin que pour ce chanoines et chapellains puissent Dieu servir, et dire et accomplir leur service divin. Lequel Delon trespassa l'an mil CCCC quarante et quatre, le xix° jour du moy de May. Orate pro ipso et pro benefactoribus suis. Pater noster. Ave Maria. »

Les feuillets suivants ont été enlevés ou mutilés : 7, 8, 9, 117, 122, 143, 146, 176, 234, 256, 289 à 297, 313.

XV° siècle. Parchemin. 373 feuillets à 2 col. 308 sur 217 millim. Rel. peau blanche. — (Chapitre de Bayeux.)

73. Breviarium ad usum Baiocensem. (Noté.)

Plusieurs feuillets manquent au commencement et à la fin. — Fol. 1. Proprium de tempore. — Fol. 182. Proprium sanctorum.

XIII° siècle. Parchemin. 295 feuillets à 2 col. 240 sur 170 millim. Dérelié.

74. Breviarium ad usum Baiocensem. (Noté.)

Sur la feuille de garde, on lit : « Hic liber pertinet ad Guillelmum du Breul, presbyterum. »

Le manuscrit commence par un calendrier, dont les deux premiers et les deux derniers mois manquent ; le début du psautier manque aussi : « ...irritaverunt te, Domine; et letentur omnes qui sperant in te... » — Fol. 62. Litanies. (Il n'y a que le nom de saint Vigor comme évêque de Bayeux.) — Fol. 65. Proprium de tempore. — Fol. 209. Proprium sanctorum. — Fol. 431. Commune sanctorum. — Fol. 489. Finit : « ...contra spiritualia nequitia in cele... »

XIII° siècle. Parchemin. 489 feuillets à 2 col. 150 sur 100 millim. Rel. peau blanche.

75. Breviarium ad usum Baiocensem.

Commence : « Dominica prima Adventus Domini. » — Fol. 201. Psalterium. « Beatus vir qui non abiit... » — Fol. 262 v°. Litanies : Sancti « Ravennus et Rasiphus, Panthaleon, Exuperius, Regnobertus,

Lupus, Vigor, Manveus, Gereboldus ». — Fol. 304. Proprium sanctorum.

Fol. 476. Au bas de la page est écrit : « 1620. Jullianus Moyllard, natus annos 18. »

Sur le feuillet de garde de la fin, on lit : « Julianus Mouillard, decanus de Maletoto, 1662. »

XIVe siècle. Parchemin. 502 feuillets à 2 col. 182 sur 130 millim. Dérelié.

76. Breviarium ad usum Baiocensem.

Commence par un calendrier. — Fol. 7. Psalterium : « Nocte surgentes vigilemus omnes semper in psalmis. » — Fol. 51. « In diebus dominicis, ad vesperas. Antiphona : Dixit Dominus. Psalmus : Dixit Dominus domino meo... » — Fol. 70. Litanies. — Fol. 75. Commune sanctorum. — Fol. 218. Proprium sanctorum.

Au fol. 400, on lit cette longue note :

« L'an mil CCCCLX et XIX, messire Richart Mayllart, prestre, fist et escripst se present libvre de sa main. C'est assavoir escript le noir, tourné, et flori, et relié et abilly de toulx pouains en la propre fourme et manière comme on le peult voier et regarder. Et commencha à escripre ledit libvre en la paroisse de Sainct Souspiere, prex Baieux, luy estant chapelain et desservant Dieu en laditte paroisse, en l'an mil CCCCLXXVII, le premier jour de may, et fut faict et commenchi pour et en nom de mestre Nichole Ouesne, prestre, lequel pour l'eure demeuroit avecque ledict mestre Richart en ladicte paroisse de Saint Souppiere, pour que ledict mestre Richart aprensit, monstrast et exitast à aprendre son faire et plusieurs aultres choses qui sont necessaires, utiles et profitables pour aprendre et savoir à ung homme d'eglise. Et demeura ledict mestre Nichole par le passé de ung an, ou environ, avecque ledict mestre Richart pour apprendre les choses devant dittes. Et y fut aloué par son frere Yon, par ung marchié qu'il firent entre eulx, duquel marchié il n'est ja de necessité d'en faire ychi mention. Et le exita ledict mestre Richart à dire sa premiere messe, laquel premiere messe ledict mestre Nichole chanta en hault, en la paroisse de Sainct Souppiere, a haulte et solempnelle feste, le jour de Penthecoste, le xxve jour de may, en l'an mil CCCCLVII, et dist le grant messe de la parroisse, en la presence des paroissiens dudict lieu et la plus grande partie de ces prochains amis. (Signé :) Mayllart. — Scriptor qui scripsit cum Christo

vivere possit. Amen. » — Puis : « Ce livre est, compete et appartient
a messire Nichole Ouesne. »

XV⁰ siècle. Parchemin. 406 feuillets à 2 col. 195 sur 147 millim.
Initiales et encadrements peints et dorés. Rel. bois et cuir.

77. Breviarium ad usum Baiocensem.
Fol. 1-6. Calendrier. — Fol. 8. Début du Bréviaire. « Dominica
prima Adventus. » — Fol. 343 v°. Litanies.
Les feuillets 388, 389, 390, 391, 394, 395 et 397 sont mutilés.

XIVᵉ siècle. Parchemin. 633 feuillets à 2 col. 180 sur 127 millim.
Rel. peau blanche. — (Chapitre de Bayeux. — Guérin.)

78. Breviarium ad usum abbatiae de Longis.
On lit sur la feuille de garde du commencement : « Pour l'abbée de
Longues, ordre de saint Benoist, sous la congrégation de Cluny, faict
ce deuxième jour de juin mil six centz traize. »
Il manque au moins 20 feuillets au commencement. — Fol. 1. Pro-
prium de tempore. « Confirma hoc, Deus, quod operatus est in nobis... »
— Fol. 90. Calendrier « ...XII. kl. octobris, dedicatio hujus ecclesie. »
— Fol. 97. Psalterium. — Fol. 167. Litanies. — Fol. 168. Proprium
sanctorum. — Finit : « ...reddat florida virgo, cui... » — Le fol. 3
est déchiré.

XVᵉ siècle. Parchemin. 352 feuillets à 2 col. 165 sur 117 millim.
Rel. peau blanche, un côté brisé. — (Abbaye de Longues.)

79. Breviarum ad usum Constantiensem.
Fol. 1. Proprium de tempore. « Sabbato ante primam dominicam
Adventus. » — Fol. 147. Kalendarium. « ...Id. Julii, dedicatio ecclesie
Constantiensis... Kl. Augusti. Sancti Helerii, martiris... — XV kl.
Oct. Floxelli martiris. IX lect... — XI kl. Oct. Sancti Laudi. (En
rouge.)... — II kal. Oct. Reliquiarum ecclesie Constantiensis... —
XVII kal. Novembris. Sancti Michaelis in monte Tumba... » —
Fol. 153. Psalterium. — Fol. 219. Litanies. « S. Laude, S. Audoene,
S. Marculfe, S. Rumphari... » — Fol. 229. Commune sanctorum. —
Fol. 251. Proprium sanctorum. — Fol. 403. Finit : « ...ad hos per
ordinem... »
Nombreuses pages ornées d'encadrements délicatement peints et
dorés.

XIVᵉ siècle. Parchemin. 403 feuillets à 2 col. 150 sur 113 millim.

Rel. veau brun. Sur le dos est imprimé en lettres d'or : « Le Comte. »
— (Mgr Thomine Desmasures.)

80. Livre d'Heures.

Quelques feuillets manquent au commencement et à l'intérieur du volume. — Fol. 1. « [preoc]cupemus faciem ejus in confessione... »

Fol. 21 v°. Heures de la Passion. Miniature sur fond d'or en partie effacée : Jésus-Christ en croix, entre la Sᵗᵉ Vierge et Sᵗ Jean.

Fol. 51 v°. Prières à la Vierge, en français.

Fol. 65 v°. (Écriture du XVIᵉ siècle.) « Oreson très devote à madame Sᵗᵉ Apoline. » —A la suite est écrit : « En l'an mil cinq centz quarante quatre, le sixᵉ jour d'octobre, viron neuf heures de nuict, la terre trembla, dont tout le monde fut émerveillé. (Signé :) Noël Benard. »

Fol. 66 v°. Psaumes de la Pénitence. — Fol. 79. « Hic sequuntur quindecim Psalmi. »

Fol. 82. « Litanie sanctorum. » Ces litanies sont conformes à celles du Bréviaire de Coutances, dont il vient d'être parlé.

Fol. 88. « Quiconque dira dévotement a genoulx ces oreisons, et en la fin de checune *Pater noster* et *Ave Maria*, gaignera pour checune fois qu'il les dira xx mille ans de vray pardon, donné par mon seigneur saint Grégoire, pape de Rome. »

Fol. 90. « Officium defunctorum. » — Fol. 121. Finit : « Oratio, Fidelium Deus, ut supra... »

XVᵉ siècle. Parchemin. 121 feuillets. 153 sur 115 millim. Rel. parchemin.

81. Livre d'Heures.

Le commencement et la fin manquent. — Fol. 1. Calendrier, qui ne commence qu'au mois de février ; au mois de mars, on lit cette note, d'une écriture récente : « J'appartiens à Jean-François Sevestre, de la paroisse de Monts, ce 5 février 1793, (signé) Sevestre. » — Dans le calendrier, on trouve : en juillet, « La Dédication de Coustances » ; — en septembre, « Les Reliques de Coutances ».

XVᵉ siècle. Parchemin. 162 pages. 178 sur 130 millim. Dérelié. — (Guérin.)

82. Livre d'Heures.

Fol. 1. Calendrier, en tête duquel on lit cette note : « Capitulum Baiocense, ex dono domini de Beauvais, canonici de Bretevilla. »

Plusieurs feuillets manquent dans l'intérieur du volume. — Chaque page est entourée d'encadrements richement peints et dorés. — La place des miniatures a été laissée en blanc.

XVIᵉ siècle. Parchemin. 127 feuillets. 182 sur 115 millim. Rel. veau avec fers dorés. — (Chapitre de Bayeux.)

85. Livre d'Heures.

Fol. 1. Calendrier, qui ne commence qu'au mois de février : « ...SS. Blasii, episcopi; Albini, episcopi; Eutropii, martiris; Florentini, episcopi; Maumerti, episcopi; Yvonis, confessoris; Germani, episcopi; Mevenni, abbatis (en rouge); Theobodi, confessoris; Donati, episcopi; Arinagili, confessoris; Egidii, abbatis (en rouge); Maurili, episcopi (en rouge); Michaelis in monte Tumba; Potentiani, martiris; Melanii, episcopi (en rouge); Bricii, episcopi (en rouge); Maclovii, episcopi; Aniani, episcopi... »

Fol. 12. « Officium beatae Mariae. » Peinture avec encadrements, à pleine page. Annonciation. — Fol. 35. « Officium defunctorum. » Peinture.

Fol. 48. « Ce qui est dessus escript a esté trouvé à Rome et est escript deriere l'autel de Saint Piere, que le pape Jehan XIIᵉ ordona et donne à tous passans par ung cymitere, disant devotement *Pater noster* et *Ave Maria,* avecques l'orayson cy dessus escripte pour chacune foiz qu'ilz passeront par ledit cymitere ou entreront autant d'ans et de indulgence come il y a de corpz enterré depuys qu'il fut premierement institué à l'eure que on y sera entré. » — Fol. 48 v°. « Le pape Boniface a donné à tous ceux et celles qui diront devotement ceste orayson ensuyvante, entre la levation du corps nostre Signeur et *Agnus Dei*, dous mille ans de indulgence. »

Fol. 131. « Oraison bien devote de Nostre Dame, mère de Dieu.

> Gloriouse Virge raine,
> En qui, par la vertu divine,
> Jhesu Christ prin humanité;
> Toy qui es fontaine et racine... »

Fol. 140. « Oraison de Nostre Dame.

> Vierge Marie glorieuse,
> Doulce rayne gracieuse,
> Vierge fontaine de confort,
> Dame du monde la plus fort,
> Fille et mère du Roy celeste... »

Les feuillets ont été intervertis dans la reliure. — Sur le feuillet de garde, on lit : « Venu de la succession de madame Grandcour, de Caen. »

XV⁰ siècle. Parchemin. 142 feuillets. 177 sur 113 millim. Rel. veau, petits fers. — (Guérin.)

84. Livre d'Heures.

Chaque page de ce manuscrit est entourée d'encadrements richement peints et dorés ; on y trouve 42 peintures, à pleine page, remarquables par la finesse et la beauté de leur exécution.

Liste des peintures. Fol. 13. Initium sancti Evangelii secundum Johannem. Peinture. S. Jean l'Évangéliste. — Fol. 15. S. Luc. — Fol. 17. S. Matthieu. — Fol. 19. S. Marc. — Fol. 20 v⁰. « Orationes ad beatam Virginem Mariam. » Les anges jouent des instruments devant la Vierge et l'enfant Jésus. — Fol. 29. « Officium B. M. V. » Annonciation. — Fol. 57. « Ad Laudes. » Visitation. — Fol. 71. « Ad Primam. » La Nativité de Notre-Seigneur, avec curieux entourages. — Fol. 78 v⁰. « Ad Terciam. » La Présentation. — Fol. 79. L'ange avertit les bergers de Bethléem. — Fol. 84 v⁰. « Ad Sextam. » (Feuillet enlevé.) — Fol. 90. « Ad Nonam. » Fuite en Égypte. — Fol. 96. « Ad Vesperas. » Mort de la sainte Vierge. — Fol. 105 v⁰. « Ad Completorium. » Couronnement de la sainte Vierge. — Fol. 114. « Psaumes de la Pénitence. » Jugement dernier. — Fol. 128 v⁰. Litanies. — Fol. 135 v⁰. « De sancta Cruce, ad matutinas. » Jésus au jardin des Oliviers. — Fol. 137. « Ad Primam. » Trahison de Judas. — Fol. 137 v⁰. Jésus condamné à mort. — Fol. 139. « Ad Terciam. » La Flagellation. — Fol. 140 v⁰. « Ad Sextam. » Jésus chargé de sa croix rencontre sa sainte Mère. — Fol. 149. « Ad Nonam. » Jésus attaché à la croix. — Fol. 143 v⁰. Jésus mort sur la croix. — Fol. 144. « Ad Vesperas. » Jésus détaché de la croix. — Fol. 145 v⁰. « Ad Completorium. » Jésus mis dans le tombeau. — Fol. 147 v⁰. « De Spiritu sancto, ad Matutinas. » Jésus apparaît à Madeleine. — Fol. 149. « Ad Primam. » Jésus apparaît aux saintes Femmes. — Fol. 150 v⁰. « Ad Terciam. » Jésus et les disciples d'Emmaüs, avec de curieux encadrements à personnages. — Fol. 152. « Ad Sextam. » Jésus apparaît à ses disciples sur le lac de Tibériade. — Fol. 153 v⁰. « Ad Nonam. » Jésus apparaît à ses disciples ; Thomas met le doigt dans la plaie du côté. — Fol. 155. « Ad Vesperas. » Descente du Saint-Esprit sur les Apôtres. — Fol. 156 v⁰.

« Ad Completorium. » Couronnement de la sainte Vierge. — Fol. 158 v°.
« Sequuntur Vigilie mortuorum. » Cérémonie d'un service funèbre.
(Avec encadrement à personnages.) — Fol. 215. « Sequitur memoria
de passione Domini. » Exaltation de la sainte Croix. — Fol. 217. « De
sancto Johanne Baptista. » S. Jean-Baptiste dans le désert. — Fol. 218.
« De sancto Sebastiano. » Martyre de saint Sébastien. — Fol. 219 v°.
« De sancto Nicholao. » S. Nicolas ressuscitant les enfants. — Fol. 220 v°.
« De sancto Anthonio. » S. Antoine, abbé. — Fol. 222. « De sancto
Michaele. » S. Michel terrassant le dragon. — Fol. 223. « De sancta
Maria Magdalena. » Sᵗᵉ Marie-Madeleine. — Fol. 224. « De sancta
Katharina. » Sᵗᵉ Catherine. — Fol. 225. Prière à la Vierge : « Doulce
dame de miséricorde... » Marie, mère de Dieu. — Fol. 236 v°. « De
sancta Maria, ad Missam. Introitus. Salve, sancta parens... » Un chœur
de moines et d'enfants chante le *Salve* devant la sainte Vierge tenant
l'Enfant dans ses bras.

A la fin (fol. 252 v°), on lit : « Je suis à noble demoiselle Sébastienne
Boscher, dame des Aulnayz et de Bocquemer. »

Commencement du XVᵉ siècle. Parchemin. 252 feuillets. 220 sur
165 millim. Rel. veau, petits fers. Dans le cartouche gauche de la couverture, est imprimé en lettres d'or : « Servire Deo », et dans celui de
droite : « Regnare est. » — (Chapitre de Bayeux.)

85. « Antiphonier bénédictin, pour l'abbaye royale de Cordillon. »
(Noté.)

XVIIᵉ siècle. Papier. 539 pages. 163 sur 108 millim. Rel. veau,
avec fermoir. — (Abbaye de Cordillon. — Guérin.)

86. « Antiphonier bénédictin. »

XVIIIᵉ siècle. Papier. 227 pages. 195 sur 125 millim. Rel. veau. —
(Abbaye de Cordillon. — Guérin.)

87. Antiphonier bénédictin.
Au commencement, on lit : « A l'usage de ma sœur Guéroult de
Sᵗ Louis. 1787. »

XVIIIᵉ siècle. Papier. 342 pages. 200 sur 125 millim. Rel. basane.
(Abbaye de Cordillon. — Guérin.)

88. Antiphonier bénédictin.
Au commencement, on lit : « Ce livre a été donné à ma sœur de

Jucoville, par madame de Froullay, en 1741, de pur don. — Il n'est point aux secondes chantres, mais bien à l'usage de ma sœur de Jucoville, depuis 10 ans. »

XVIIIe siècle. Papier. 566 pages. 198 sur 137 millim. Rel. basane. (Cordillon. — Guérin.)

89-91. Antiphonier bénédictin.

Au commencement, on lit : « Pour les secondes chantres. » — Trois volumes; le second et le troisième contiennent plusieurs feuilles de musique détachées.

XVIIIe siècle. Papier. 385 feuillets, 126 et 248 pages. 210 sur 142 et 250 sur 192 millim. Rel. basane. — (Cordillon. — Guérin.)

92. Office des Ténèbres.

Sur la couverture, on lit, imprimé en lettres d'or : « Me de Jucoville. »

XVIIIe siècle. Papier. 177 pages. 235 sur 185 millim. Rel. basane. (Cordillon. — Guérin.)

93. Office des Ténèbres.

Page 1, on lit cette note : « Ce livre a été donné à ma sœur Ste Monique, par deux fois, par différentes personnes »; et plus bas : « Ce livre est à l'usage de sœur de St Benoist, religieuse de l'abbaye royalle Saint-Laurent de Cordillon. 1749. »

XVIIIe siècle. Papier. 365 pages. 180 sur 125 millim. Rel. basane. Sur le plat de la couverture est imprimé en lettres d'or : « M. Patry. » — (Cordillon. — Guérin.)

94. Processionnal à l'usage de

Sur la feuille de garde, on lit : « Fr. Nicolaus du Vivier. » — « Magister Petrus du Vivier me possidet et optimo jure accepitque me dono de manibus charissimæ sororis Anthoniæ le Cloquemant. Vivat in æternum nosque cum ea. P. Duvivier. »

Fol. 95 v°. Litanies. « S. Eutropi; S. Timothei; S. Dionisi cum sociis suis; S. Maurici cum sociis suis; S. Eustachi cum sociis suis; S. Hylari; S. Martine; S. Nicolae; S. Ludovice; S. Joseph; S. Radegundis; S. Genovefa; S. Clara; S. Barbara. »

Fol. 102 v°. In nocte Pasche. « Sacerdos inchoet : Christus resurgens. Tunc sorores prosequuntur residuum, et fratres processionaliter cum reliquiis et luminaribus bini et bini in circuitu ecclesie ab intra trinum girum faciant. Et transeundo ante majorem craticulam sororum apertam, signat (sacerdos) sorores Corpore Christi... Hoc peracto, et corpore Christi in loco suo reposito ac elevato, eant omnes fratres ad quiescendum, et sorores proficiscantur. » — Fol. 111 v°. « Sequuntur dicenda in altarium lotione monasterii Fontanensis, tam majoris ecclesie quam sacelli fratrum. »

Sur la couverture sont estampées ces lettres :

V. C. M. D. V.

P. M. T. A. F. F.

V. C. M. D. P.   V. C. S. D. L. B.

P. V. C. S. S. A. L. C.

V. C. M. D. V.

XVI° siècle. Papier. 112 feuillets. 210 sur 150 millim. Rel. veau brun, à petits fers. — (Chapitre de Bayeux.)

95. Invitatoires et répons notés.

A la fin (fol. 10), cette note : « Currente calamo, hoc scripsit J.-B. Defaudais, anno 1804. »

XIX° siècle. Parchemin. 10 feuillets. 275 sur 227 millim. Carton. parchemin.

96. « Directorium in usum illustrissimi ac reverendissimi D. D. de Cheylus, episcopi Bajocensis. »

Quelques parties notées.

XVIII° siècle. Papier. 66 pages. 195 sur 152 millim. Rel. maroquin rouge. — (Mgr. de Cheylus.)

97. Antiphonarium ad usum ecclesiae Bajocensis.

En musique usuelle. — Ce manuscrit a été écrit par M. l'abbé Gervais, curé de Robehomme (1854-1880).

XIX° siècle. Papier. 84 pages. 350 sur 263 millim. Broché. — (Don de l'abbé Deslandes.)

98-101. Antiphonarium ad usum Bajocensem.

Tome I. — « Proprium de tempore. — Pars hiemalis. »

Tome II. — « Pars aestiva. »

Autre exemplaire semblable au précédent.

Un certain nombre de feuillets de ces quatre volumes sont imprimés sur vélin (avec musique notée).

> XVIIIᵉ siècle. Parchemin. 737, 879, 676 et 881 pages. 500 sur 320 millim. Rel. peau de truie, avec garnitures de cuivre. (Cathédrale de Bayeux.)

102-105. « Graduale monasticum, ad usum regalis abbatiae sancti Laurentii de Cordillon, ordinis sancti Benedicti. MD.CC.VIII. »

Tome I. — Deux premiers feuillets renferment l' « Asperges me... » et le « Vidi aquam... » — Page 1. « Proprium missarum de tempore. »

Tome II. — Suite du précédent. — Page 1. « Dominica Pentecostes. »

Tome III. — 1ʳᵉ partie. « Proprium sanctorum. » — 2ᵉ partie. « Commune sanctorum. »

Tome IV. — « Modulationes variae pro diversa festorum solemnitate. »

> XVIIIᵉ siècle. Papier. 167, 126, 177 et 143 pages. 640 sur 488, 640 sur 480, 645 sur 682 et 650 sur 680 millim. Rel. veau fauve, fermoirs en cuir et garnitures de cuivre. Le tome IV est orné de neuf cabochons en bronze, haut relief, fleuri et ciselé. Un crochet des fermoirs a été enlevé. — (Cordillon. — Guérin.)

106-107. « Graduale monasticum, ad usum regalis abbatiae sancti Laurentii de Corde-Leonis, ordinis sancti Benedicti. M.D.CCVIII. »

Tome I. — Page 1. 1ʳᵉ partie. « Proprium de tempore. » — Page 179. 2ᵉ partie. Page 1. « Dominica Pentecostes. »

Tome II. — 1ʳᵉ partie. « Modulationes variae pro diversa festorum solemnitate. » — 2ᵉ partie. Page 145. « Proprium sanctorum. » — 3ᵉ partie. Page 258. « Commune sanctorum. »

> XVIIIᵉ siècle. Papier. 308 et 329 pages. 690 sur 495 millim. Demi-rel. veau. — (Cordillon. — Guérin.)

108. « Supplementum ad Graduale Bajocense, in usum Capellae B. Martini episcopi, in festis duplicibus et solemnibus per annum. »

La fin manque.

XVIIIᵉ siècle. Parchemin. 58 pages. 425 sur 320 millim. Carton.
parchemin. — (Cathédrale de Bayeux.)

109. I. « Officium festi principalis confraternitatis SS. et immaculati
Cordis. B. M. V., pro conversione peccatorum, a RR. episcopo Bajocensi approbatum. » — (11 feuillets ; 470 sur 310 millim.)

II. « Commune unius presbyteri. » — (8 pages ; 370 sur 245 millim.)

III. Prose en l'honneur de saint Louis. (8 pages ; 290 sur 215 millim.)

XIXᵉ siècle. Papier. Cartonné. — (Cathédrale de Bayeux.)

110. « Cahier de Proses, pour l'église cathédrale de Bayeux ; l'année
de Carabœuf, reçu chantre, le 15 mai 1837. »

I. Prose pour la fête de S. Louis. (4 pages ; 300 sur 180 millim.)

II. Page 1. « In festo sancti Regnoberti, secundi episcopi Bajocensis.
Sequentia : Deus Patris unice... » — Page 3. « In festo SS. Ravenni et
Rasiphi, martyrum : Exultate populi... » — Page 8. Prose pour la
Sᵗᵉ Trinité (en 1814). — Page 13. Prose pour la Dédicace. — Page 17.
« Prosa sacratissimi Cordis Christi. » — Page 21. « Prosa apostolorum
Petri et Pauli. » (27 pages ; 490 sur 310 millim.)

XIXᵉ siècle. Papier. Broché. — (Cathédrale de Bayeux.)

111. « Livre contenant les Messes des dimanches et fêtes de l'année ;
fait pour l'usage et classé selon les différentes solennités de l'église de
Bayeux, par A. Bréham, organiste de la Cathédrale. »

XIXᵉ siècle. Papier. 32 pages. 370 sur 240 millim. Cartonné. —
(Cathédrale de Bayeux.)

112. Graduale.

Sur la feuille de garde, on lit : « A ma sœur Danisy, avec la permission de Madame. — Donné à ma sœur Sᵗᵉ Monique par ma mère
de Sᵗ Ambroise, avec permission de Madame l'Abbesse. »

XVIIIᵉ siècle. Papier. 294 pages. 190 sur 130 millim. Rel. veau.
Sur le plat gauche de la couverture est imprimé en lettres d'or :
« S. Ambroise », et sur le plat droit : « M. Langrune. » — (Cor-
dillon. — Guérin.)

113. Graduale.

XVIIIᵉ siècle. Papier. 374 pages. 195 sur 127 millim. Rel. veau, avec cette inscription du côté gauche : « M⁰ Bonne Danneville », et du côté droit : « Abbesse de Cordillon. » — (Cordillon. — Guérin.)

114. Recueil de Messes notées, processions, motets, etc.

XVIII⁰ siècle. Papier. 251 pages. 195 sur 125 millim. Rel. veau, avec le même nom que sur le volume précédent. — (Cordillon. — Guérin.)

115. Recueil de Messes notées, etc.

Ce volume renferme plusieurs feuillets de musique, détachés.

XVIII⁰ siècle. Papier. 258 pages. 188 sur 129 millim. Rel. veau, avec le même nom qu'au volume précédent. — (Cordillon. — Guérin.)

116. Recueil de différents morceaux de chant.

Page 1. « Pour la fête de S. Jean. »

XVIII⁰ siècle. Papier. 82 pages. 192 sur 128 millim. Rel. veau. Sur le côté gauche de la couverture est imprimé : « M. de Fontenay », et sur le droit : « Abesse de Cordillon. » — (Cordillon. — Guérin.)

117. Psalterium.

Le commencement et la fin manquent. — Fol. 154 v⁰. Litanies. « S. Cucufate; S. Sigismonde; S. Pantaleon; S. Arnulfe; S. Marcialis; S. Brici; S. Faro; S. Lupe; S. Fortunate; S. Sulpici; S. Austregisile; S. Juliane; S. Geraude; S. Effrem; S. Firmine... S. Wingaloe; S. Symeon; S. Fiacri; S. Arseni. »

Initiales peintes à fond d'or et à personnages; la plus grande partie a été coupée.

XIII⁰ siècle. Parchemin. 169 feuillets. 197 sur 147 millim. Rel. peau blanche. — (« Ex bibliotheca FF. Minorum Baiocensium. »)

118. Martyrologium Usuardi, ad usum abbatiae de Monte Dei.

Le commencement et la fin manquent. — Les cinq premiers feuillets contiennent la règle de saint Augustin; le martyrologe commence au fol. 6, « IIII nonas februarii ».

Fol. 84. « Anno Domini M⁰ CC⁰ XVII⁰, multi nobilium, ut in Jerusalem irent pro peregrinatione, hoc tempore cruce signati, mare transierunt, in qua expeditione Jordanus, episcopus Lexoviensis, perrexit. Anno M⁰ CC⁰ XVIII⁰, obiit predictus Jordanus, Lexoviensis episcopus, in partibus transmarinis, ibique sepultus est, qui ecclesiam Lexoviensem rexit fere annis XVII et multum acrevit et ditavit eamdem. Anno M° CC° XXI°, Guillelmus de Ponte de L'Arche consecratur et fit episcopus Lexoviensis. Anno M° CC° L°, Guillelmo de Ponte Arche, episcopo Lexoviensi, pre nimia senectute cure cedente pastorali, Fulco Dastun ejusdem ecclesie decanus, in episcopum eligitur et ab archiepiscopo Rothomagensi, mense junio, consecratur. Mense augusto sequenti, predictus Guillelmus in abbatia de Bono Portu moritur. Anno M° CC° LXVII°, obiit Fulco Dastun, venerabilis episcopus Lexoviensis, et sepelitur cathedrali sancti Petri Lexoviensis ante majus altare, cui successit [Guido] de Merulla, archidiaconus Constanciensis. »

Cette note paraît extraite de la *Chronique de Normandie;* elle a été écrite dans ce martyrologe par un moine de Mondaye. On sait que cette abbaye fut fondée par Jourdain du Hommet, évêque de Lisieux.

Fol. 84 v°. Séquence, pour trouver le jour de Pâques :

> « Gaude, claustrum Salvatoris,
> Cella frugum, odor floris,
> Tu levamen bellatoris,
> Ymago glorificans
>
> .   .   .   .
>
> Gaude, claustrum Salvatoris,

Etc., ut in principio, continuando numerum annorum usque ad mille milliaria annorum.

> Toy qui verras ceste sequence
> Considere les mos et pense
> Qu'elle est tellement composée
> Que Pasques pour chaicune année
> Tout jamaiz tu y trouveras.
> Comme les moz vont, tu yras
> Du premier jusquez au finement,
> Puis repren au commencement,
> Car elle sera pardurable,
> A Dieu soit elle aggréable.

Ceulx qui par M fineront

> Pasquez en maiz signifieront,
> Autant de jours u moiz doiz mettre
> Comment est la premiere lettre... »

XIVᵉ siècle. Parchemin. 87 feuillets. 215 sur 152 millim. Rel. peau blanche, endommagée. (Abbaye de Mondaye. — Guérin.)

119. Rituale et Missale ad usum Baiocensem. (Noté.)

Il manque au moins douze feuillets au commencement.

Fol. 7. Litanies. «S. Ravene; S. Rasiphe; S. Panthaleon; S. Audoene;
S. Exuperi; S. Renoberte; S. Lupe; S. Vigor. »

Au fol. 43 v° on lit cette note : « Pour Jean Michel. »

  XV° siècle. Parchemin. 80 feuillets. 225 sur 168 millim. Dérelié.
— (Guérin.)

120. Rituel d'Alet.

« Ex dono Illustrissimi D. D. Francisci de Nesmond, episcopi Baiocensis, capitulo Baiocensi. »

  XVII° siècle. Papier. 1595 pages. 245 sur 175 millim. Rel. basane.
— (Chapitre de Bayeux.)

121. Ordinarium ecclesie Baiocensis.

Fol. 1. « Consuetudo est in ecclesia Baiocensi, ut omnes persone et
omnes canonici... » — Fol. 2 v°. « Dominica prima Adventus Domini. »
— Fol. 81 v°. Rubriques et cérémonies pour le propre des saints. « De
sancto Exuperio. » — Fol. 90. « De sancto Gereboldo, episcopo et
confessore. » — Fol. 102. « Festum sancti Renoberti, episcopi et confessoris. » — Fol. 107. « In inventione reliquiarum Baiocensium. » —
Fol. 108 v°. « In translatione beati Thome Cantuariensis. » — Fol. 109.
« De sancto Taurino. » — Fol. 113. « Translatio sancti Renoberti,
episcopi Baiocensis et confessoris. » — Fol. 114. « Festum sancti Reve-
rentii, presbiteri et confessoris. » — Fol. 115. « Festum sanctorum
martirum Lamberti et Floscelli. » — Fol. 121. « De sancto Vigore,
episcopo et confessore. » — Fol. 124. Rubriques pour le commun des
saints. Plusieurs parties sont notées.

Fol. 131 v°. Deux recettes (XIII° siècle) : « R. costiamari v drames,
castorei iiij drames, calamenti ij ʒ, origani ij ʒ, piretri iiij ʒ, stafiza-
crie ij ʒ... — ...et puis soit tout mis en j. vessel de voire. »

Fol. 132 :

    « O Guillerme, pastor de Briocis,
    Quem requirunt de diversis locis
    Multi pro languoribus,
    Te deprecor impertrari velis
    Sanitatem a Patre de celis
    Membris meis omnibus. »

Au-dessous est écrit : « Ce présent livre est de ladite église cathédrale dudit Bayeux. »

Fol. 132 v°. Charte de saint Louis. « Ludovicus, Dei gratia Franco-

rum rex, dilecto et fideli suo Stephano de Porta... Cum contentio ver-
teretur inter dilectos nostros Decanum et capitulum Bajocensem ex una
parte et cives nostros Bajocenses ex altera super eo quod dicunt predicti cives homines manentes in soppis ecclesie Baiocensis et in mane-
riis prebendarum et dignitatum ejusdem ecclesie... temporibus clare
memorie Philippi avi nostri et regis Ludovici, genitoris nostri et nostro... » (Suit le texte de l'accord.) (*S. d.*)

Le manuscrit se termine par deux modèles de reconnaissances :
« Notum sit omnibus presentibus et futuris quod ego. N. de tali loco... »

XIIIᵉ siècle. Parchemin. 132 feuillets. 250 sur 180 millim. Rel.
cuir gaufré, dont un côté est brisé.— (Cathédrale de Bayeux.)

122. « Brevis tractatus de consuetudinibus et statutis ecclesie Baiocensis. » *Cérémonial de Langevin.*

Sur la feuille de garde : « De beneficio Beate Marie in Campis » (diocèse de Rouen). — Au commencement, deux feuillets renfermant la
table des matières.

Fol. 1. « Brevis tractatus de consuetudinibus et statutis ecclesie Baiocensis. In Baiocensi ecclesia fuerunt antiquitus patres venerandi... » —
Fol. 1 v°. « De nominibus et numero prebendarum. » — Fol. 2. « Qualiter vocantur canonici ad electionem. » — Fol. 2 v°. « Qualiter reci-
piendus sit episcopus. » — Fol. 3. « Qualiter perficiatur et recipiatur
decanus. » — Fol. 4. « De sedibus personarum » — Fol. 4 v°. « De
officio episcopi. » — Fol. 6 v°. « De officio decani. » — Fol. 7 v°. « De
officio cantoris. — De officio thesaurarii. » — Fol. 8. « De officio
cancellarii. — De officio subdecani. — De officio succentoris. — De
officio scolastici. » — Fol. 9. « De officio custodis. » — Fol. 11. « De
officio archidiaconorum. » — Fol. 12. « De dignitate et potestate episcopi. » — Fol. 14 v°. « De dignitatibus decani et capituli. » — Fol. 16.
« De potestate et libertate decani. — De dignitate, libertate cantoris. »
— Fol. 16 v°. « De libertate cancellarii ; — thesaurarii. » — Fol. 17.
« De libertate subdecani ; — succentoris. » — Fol. 17 v°. « De libertate scholastici. » — Fol. 18. « De libertate custodis. » — Fol. 18 v°.
« De libertatibus archidiaconorum. » — Fol. 18 v°. « De jurisdictione
episcopi et aliarum dignitatum capituli. » — Fol. 28 v°. « De consuetudinibus que observande sunt in capitulo ab antiquo. » — Fol. 37. « De
consuetudinibus que observande sunt circa statum et honestatem canonicorum et clericorum in choro et in ecclesia. » — Fol. 39 v°. « De

consuetudinibus observandis circa executionem divini officii. » — Fol. 56 v°. « De consuetudine observanda circa pulsationem campanarum. » — Fol. 59. « De modo parandi ecclesiam et altare. » — Fol. 59 v°. « De luminaribus ecclesie Baiocensis et a quibus debeant inveniri. » — Fol. 66. « Hec sunt que percipiunt seu percipere debent in dominio episcopi decanus et capitulum et alique de predictis personis. » — Fol. 66 v°. « Carta Roberti quondam episcopi, Ricardi decani et Capituli de prebendis non constituendis de dominio episcopi. » — Fol. 67. « Carta regis Henrici, de libertatibus canonicorum Baiocensium. — Item alia carta pro eisdem et hominibus suis... » — Fol. 67 v°, le manuscrit proprement dit finit : « ...alias captus propter hoc sicut serviens canonico non reddetur. »

Fol. 67 v°. « Littera domini Petri, episcopi Baiocensis,... de juridictione personarum et canonicorum Baiocensium. » (1354.) — Fol. 69. « Cedula concordie inter episcopum Baiocensem, ex una parte, et magistrum Thomam de Sancto Petro, cancellarium,... ex altera. » (1406.)

Fol. 69 v°. (Écriture du XVII° siècle.) « Dominus Radulphus Andegavinus, Baiocensis canonicus, me compilavit circa annum Domini 1269. »

On lit, sur la garde de la fin : « Liber iste fuit compilatus, regnante Ludovico, rege Francorum IX°, presidente ecclesie Baiocensi O. de Lorriaco,... circa annum 1269, per dominum Radulphum Andegavensensem, Baiocensem canonicum. »

On conserve à Caen, dans la collection Mancel (ms. 91), un autre exemplaire ancien du Cérémonial de Langevin, en tête duquel sont copiées les différentes pièces suivantes :

Fol. 1 v°. « Ricardus, Dei gratia, rex Anglorum, dux Normannie... Sciatis nos dedisse et presenti carta confirmasse ...capellariam nostram de Bajocis ...Apud Falesiam, xxvii die septembris, regni nostri decimi. »

Ibid. « Philippus, Dei gratia, Francorum rex... capellam Bajocensem... anno Domini M° CC° sexto, mense aprili. »

Fol. 2. « Innocentius... episcopo... Bajoc. Apostolice sedis benignitas sincere et obsequencium vota fidelium... Lugduni, vi id. marcii, pontificatus nostri anno secundo. »

Ibid. « Innocentius episcopus... episcopo Aurelianensi. Apostolice sedis benignitas sincere obsequentium vota fidelium... » (La fin manque, même date sans doute.)

Fol. 2 v°. « Egidius, miseratione divina, Aurelianensis episcopus... (1282, lundi) in conversatione sancti Pauli. »

Ibid. « Innocentius ...episcopo Bajocensi... Cum sicut ex parte nostra... vi id. mart., pontificatus nostri anno secundo. »

Fol. 2 v° (manque le commencement). « ...Datum apud Urbem veterem, xi kl. julii, pontificatus nostri anno tercio. »

Fol. 3 v°. « Urbanus... magistro Gregorio, Neapoli decano, Bajocensi capellano... Clara probitatis tue merita ...Datum apud Urbem veterem, x kl. julii, pontificatus nostri anno tercio. »

Fol. 4. « Urbanus... capitulo Bajocensi... Certiora dilectionis vobis ostendere signa... Datum apud Urbem veterem, vii kl. julii, pontificatus nostri anno tercio. »

Fol. 4 v°. « Gregorius... episcopo Abrincensi. Significavit nobis dilectus filius G. decanus... Datum Lugduni, x kl. februarii, pontificatus nostri anno secundo. »

Fol. 5. « Gregorius ....archiepiscopo Rothomagensi... Exposuit nobis dilectus filius mag. Gregorius de Neapoli, capellanus noster... »

Fol. 5 v°. « Alexander... Willelmo, Bajocensi decano... Justis petencium desideriis dignum est... Datum Laterani, ii kl. april. »

Suivent d'autres actes fol. 6 et 7.

Fol. 8 (I). « Brevis tractatus de consuetudinibus et statutis ecclesie Bajocensis. In Bajocensi ecclesia fuerunt antiquitus patres venerandi... » — Fol. lvi. « Item alia carta pro eisdem et hominibus suis. — De juribus cancellarii. »

En tête du volume, on lit : « Consuetudines et statuta sanctae Bajocensie ecclesiae. — J'ai acheté ce manuscrit à la bibliothèque de M. Moisson de Vaux, vendue à Caen, en 1834. » (Note de l'abbé De La Rue.)

Fin du XIIIe siècle. Parchemin. vii et 56 feuillets à 2 col. 250 sur 217 millim. Demi-rel.

Voy. sur le *Cartulaire de Langevin*, Léchaudé d'Anisy, dans les *Mémoires de la Société des Antiquaires de Normandie*, 2e série, t. II, p. 458-469.

XIIIe siècle. Parchemin. 70 feuillets à 2 col. 187 sur 130 millim. Rel. bois sculpté (deux morceaux d'un ancien coffret en bois). — (Chapitre de Bayeux.)

123. I. « Extrait de ce que contient le *grand Livre Blanc*, lequel a été fait du temps de l'évêque O. de Loriaco, mort en 1274. » — « Note : Le *grand Livre Blanc* était une copie du *Cérémonial de Langevin*. »

Page 39. « De statutis contentis in *Parvo Libro Albo*. » — Note : « Le *petit Livre Blanc* était la suite et le supplément du grand. » — Ce manuscrit a été écrit par Jean Petite. Au commencement se trouve une table rédigée par M. Guérin, avec deux numéros d'ordre : le premier indique la pagination du manuscrit de Jean Petite ; le second celle d'une copie faite par M. Guérin.

XVII⁰ siècle. Papier. 44 pages. 277 sur 160 millim. Broché. — (Guérin.)

II. « Extrait du *Cérémonial de Langevin*. »
Page 1. « Extraict d'ung antien livre escript en parchemin, couvert d'ays de boys, à cloux et fermant d'argent, contenant soixante neuf feuillez de parchemin escriptz... De officio cancellarii... »

XVI⁰ siècle. Papier. 12 pages. — (Guérin.)

III. « Extrait d'un ancien chartrier, nomé Langevin, escriptz en parchemin, en antiennes lettres gotiques. »

XVII⁰ siècle. Papier. 6 pages. — (Guérin.)

IV. « Copie du *liber Dominorum Capitulantium*. » — « C'est la copie d'un petit livre en parchemin, relié en veau, format in-8°, écrit à la main, en lettres rondes moulées. Ce livre a été en usage dans le chapitre de Bayeux, jusqu'à la révolution de 1793. La forme des caractères et la reliure indiquent qu'il a été fait dans la première moitié du dernier siècle. Copié en 7ᵇʳᵉ 1845. (Signé :) Guérin. »

XIX⁰ siècle. Papier. 12 pages. Broché. — (Guérin.)

124. Ordinarium Constantiense et Cartularium Domus Dei Constantiensis.
Page 1. « Incipit ordo officii in festibus duplicibus... »
Page 47. Note : « Le contenu depuis 47 jusqu'à 66 ne se trouve pas dans le manuscrit du chapitre de Coutances. » —Page 47. « Dominus episcopus debet in festis duplicibus et tribus diebus ante Pascha, facere officium in ecclesia in pontificalibus. »
Page 64. « Anno Domini millesimo CCC⁰ XIIII⁰, die veneris, obiit nonis martii, Parisiis, bone memorie, Robertus de Haricuria, quondam Constantiensis episcopus, quiquidem episcopus dedit capitulo Constanciensi totam decimam quam apud Cerentias emerat a domino Radulfo Carbonnel milite... » Suit une énumération des dons de cet

évêque. — Page 69. « Anno domini millesimo CCC° XX°, die jovis post Assumptionem beate Marie, dedit Guillelmus de Tyeuvilla, Constanciensis episcopus, capitulo Constanciensi, sextam partem decime de Canafraxino, quam emerat a Thoma le Roy... »

Page 70. « Confirmatio hospitalis Constansiensis facta per Honorium papam. Honorius, episcopus,... priori et fratribus Hospitalis Sancti Spiritus et Sancti Anthonii Constanciensis, salutem. Cum a nobis petitur quod justum est... — Datum Viterbii, xvii kl. decembris, pontificatus nostri anno quarto. » (1218.) — Page 71. « Ordinacio domus Dei Constanciensis facta per Hugonem, episcopum Constanciensem. » (1217.) — Page 74. « De priore domus Dei Constanciensis ordinando et instituendo. » (1224.) — Page 76. « De conservatione domus Dei Constanciensis facienda. » (L'évêque Hugues y établit une confrérie.) — Page 78. « De questa domus Dei Constanciensis ordinanda. » — Pages 80 et 92. « Compositio inter episcopum et capitulum Constanciense. » — Page 82. Échange entre les prieur et religieux de Brewtone (Bretton), en Angleterre, et l'abbé et les religieux de Troarn ; par suite de cet échange l'abbé de Troarn devient chanoine-né de la cathédrale de Coutances. (1260.) — Page 93. De la juridiction.

XV⁰ siècle. Parchemin. 122 pages. 175 sur 122 millim. Rel. bois et cuir.

125. Ordo ecclesiae Parisiensis.

Fol. 1. « Ordinacio pro defectibus sive negligentiis in ecclesia Parisiensi factis vel faciendis. Finita pulsacione ad matutinas... » — Fol. 4 v°. « Statutum factum in capitulo generali, in vigilia festi beatorum Simonis et Jude apostolorum, anno Domini millesimo trecentesimo quinto. » — Fol. 24. « Sequitur modus distribuendi clericorum matutinarum ecclesie Parisiensis. »

XV⁰ siècle. Parchemin. 25 feuillets. 270 sur 220 millim. Rel. peau blanche. — (Chapitre de Bayeux. — Guérin.)

126. Livre de prières.

A la fin, quelques prières sur des feuilles détachées.

XVIII⁰ siècle. Papier. 611 pages. 133 sur 90 millim. Rel. basane. — (Cordillon. — Guérin.)

127. Livre de prières.

Ce volume ne commence qu'à la page 26, et finit par cette note :

« Le présent manuscrit est de la propre main de madame Françoise
Danneville de Chiffrevast, religieuse bénédictine de l'abbaye de Cordillon. 1735. »

XVIIIe siècle. Papier. 602 pages. 150 sur 100 millim. Rel. basane.
— (Cordillon. — Guérin.)

128. Recueil de prières.

A la fin se trouve un petit cahier de 22 pages, en papier, renfermant la « Méthode de la retraite du mois ». (Octobre 1833.)

XIXe siècle. Papier. 90 feuillets. 165 sur 100 millim. Rel. basane.
— (Don de M. l'abbé Deslandes.)

129. Varia theologica.

I. « Consultation sur l'argent prêté à un intérêt modéré, à cinq ou
six pour cent. » — (62 pages.)

II. « Mémoire sur l'Usure. » — (58 pages.)

III. « Observations sur quelques questions relatives à la prescription
et à la restitution, par M. l'abbé Boudard. » — (9 feuillets.)

IV. « Questions sur la prescription. — Théologie de M. l'abbé P...,
novembre 1835. » — (6 feuillets.)

V. « Notes sur quelques observations relatives à la prescription et à
la restitution. — Réponse de M. l'abbé P... » — (5 feuillets.)

VI. Note sur la prescription. — (11 feuillets.)

VII. « Aperçu de la question du probabilisme. » — (10 feuillets.)

VIII. « De principio certitudinis. » — (14 feuillets.)

XIXe siècle. Papier. Cahiers. — (Mgr Thomine-Desmasures.)

130. Confessions. (Anonyme.)

Commencement : « Avant-propos. Puisque je suis obligée par obéis-
sance... »

Préface. « A la plus grande gloire de Dieu. Confession qu'une âme
pénitente fait à Dieu, en esprit d'amour et de reconnaissance. » —
Page 1 : « Ecrit que j'ay fait pour obéir à l'ordre de mon confesseur,
qui contient l'état et les dispositions de mon âme, depuis six années.
A la plus grande gloire de Jésus crucifié. Vous voulez donc, ô divin
époux de mon cœur... » — Finit : « J'ay commencé cet escrit le dou-
sième du mois de juillet de l'année mil sept cent troys et je l'ay finie le
vint huitième du même mois et de la même année, par pure obéis-

sance et simple soumission à la volonté de mon confesseur. A Dieu seul en puisse retourner toute la gloire. »

XVIIIe siècle. Papier. 894 pages. 252 sur 183 millim. Rel. basane. — (« Ex libris Congregationis Missionis Baiocensis. »)

151-152. « Commentarii in universam Aristotelis philosophiam. »
Tome I. Sur le feuillet de garde, on lit : « Philosophia D. Desperiers, in collegio Lexoviano Parisiis excerpta per Johannem Lamy, Parisinum, 1648 ; qui obiit Baiocis, cantor et canonicus de Gavrey et vicarius generalis, 5 januarii 1691 ; sepultus ad radices cathedrae in ecclesia Baiocensi, in qua fuerat ecclesiastes, ut doctor, Parisiis, Navarreus. » (Cette note doit être de J. Petite.)
Tome II. « Commentarii in decem libros ethicorum Aristotelis ad Nicomachum. »
Au commencement, on lit : « Moralis philosophia D. Jacobi Despériers excerpta, 1648, a D. Joanne Lamy, de quo in logica supra fol. 1 et infra in fine ad thesim. »

XVIIe siècle. Papier. 285 et 291 pages. 290 sur 197 et 288 sur 200 millim. Rel. basane. — (« Ex bibliotheca Joannis Petite ; ex ejusdem dono capitulo Baiocensi. 1690. »)

153. « Aristotelis ad Nichomachum filium de moribus, que Ethica nominatur, libri decem, Nicholao Gruchio interprete. » (1566.)
Imprimé, in-4°, dont les marges et les interlignes sont remplies de très nombreuses annotations.

XVIe siècle. Papier. 146 feuillets. 280 sur 195 millim. Rel. veau brun gaufré. On lit imprimés, en lettres d'or, sur le plat gauche : « Joannes », et sur le droit : « Cometus. » — (« Ex biblioth. D.D. de Nesmond, episcopi Baiocensis. » — Guérin.)

154. I. « Tractatus de cosmographia. » — (38 pages.)
II. « De geographia. » — (249 pages.)
III. « Chronologiae principia. » — (17 pages.)

XVIIIe siècle. Papier. 304 pages. 205 sur 148 millim. Rel. veau. — (Congrégation de la Mission de Bayeux.)

155. « Recueil des édits du Roy et ordonnances de police, concernant les fonctions et droits des voyers..., présenté à Jacques Brunet, sieur du Quesnay, conseiller du Roy et son procureur au siège prési-

dial de Roüen, et maire dudit lieu, par Jean-Baptiste Tisserand, architecte, maître maçon et voyer pour le Roy, au bailliage et vicomté de
Rouen. »

Page 1. « Edit du Roy portant création et établissement de l'estat et
office de grand voyer... 7 sept. 1599. » — Finit le 7 décembre 1689.
(Signé :) Richer.

Au commencement se trouvent les armes suivantes : *d'argent, à deux
bandes d'azur; au chef de sable chargé d'une aigle éployée d'or.* Puis les
armes de France, au milieu de trophées supportés par des anges.

XVIII⁰ siècle. Papier. 185 pages. 223 sur 155 millim. Rel. veau.
— (Congrégation de la Mission de Bayeux.)

136. Miscellanea.

Au commencement : « Table des pièces et ouvrages contenus dans
ce recueil. » (5 feuillets.)

Page 1. « Lettre de S. Jérosme à Eustochius, des moyens de conserver la virginité. »

Page 55. Traduction de la lettre de M. l'évêque de S. Pons à notre
saint père le pape Clément XI (26 février 1713).

Page 153. « Des visites des paroisses. Raisons qui obligent les grands
vicaires à s'acquitter fidèlement et avec soin du devoir de la visite de
toutes les paroisses du diocèse. »

Page 217. « Recueil d'aucunes choses anticques de l'église de
Baieux », par M. Jean Pottier, chanoine, trésorier de la cathédrale de
Bayeux.

Page 261. Prieurés de Bayeux. — Page 263. « Abbayes de Caen,
tant d'hommes que de femmes. » — Page 265. « Abbayes et prieurés
du diocèse de Bayeux, hors Bayeux et Caen. »

Page 573. « Discours faits aux chapitres généraux du chapitre de
Bayeux » (1698-1703).

Page 917. « Lettre de M. le cardinal d'Ossat, évêque de Bayeux, à
messieurs les doyen et chanoines du chapitre de Bayeux, datée de
Rome, du 17 juin 1602. »

Page 1437. « Testament [et épitaphe] de Louis XIV. »

Page 1457. « Relation de la mort et des obsèques de feu révérend
père en Dieu monseigneur François de Nesmond, évêque de Bayeux »,
par M. Moussard, chanoine de Merville, official de Bayeux. (Adressé
à M. l'abbé de Pybrac.)

Page 1637. « Sur la lecture de l'Écriture sainte. »

XVII° et XVIII° siècle. Papier. 2025 pages (imprimées et manuscrites). 245 sur 185 millim. Rel. veau. — (Congrégation de la Mission de Bayeux.)

137. Miscellanea.

Ce volume renferme un « Mémoire pour faire connaître l'esprit et la conduite de la compagnie establie en la ville de Caen, appelée l'Hermitage, M.D.C.L.X. »

XVII° siècle. Papier. 106 pages. 220 sur 175 millim. Rel. veau. — (Congrégation de la Mission de Bayeux.)

138-140. Catalogue analytique de la bibliothèque de la congrégation de la Mission de Bayeux.

Tome I. A à FX. — Tome II. G à JO. — Tome III. K à KZ. — Les autres volumes manquent.

XVIII° siècle. Papier. 382 feuillets. 298 sur 188 millim. Carton. parchemin. — (Congrégation de la Mission de Bayeux. — Guérin.)

141. Catalogues de Bibliothèques.

I. « Tableau alphabétique de la grande bibliothèque de l'évêché, contenant environ 4,500 volumes. » — (30 feuillets.)

II. « Autre partie de catalogue, sans désignation. » — (4 feuillets.)

III. « Etat et inventaire des livres trouvés dans la bibliothèque de l'émigré Cheilus [Mgr de Cheylus]. » — (2 feuillets.)

IV. Autre catalogue. Au fol. 9 on lit : « Vive à jamais la République française, une et indivisible, et le citoyen Despréaux, bibliothécaire en chef. » — (10 feuillets.)

V. Autre catalogue dans le genre du précédent. — (9 feuillets.)

VI. Partie de catalogue de cartes géographiques, etc., avec une colonne indiquant la provenance de ces différents objets. — (3 feuillets.)

VII. Mémoire des dépenses pour la bibliothèque. — (1 feuillet.)

VIII. « Lettre du citoyen Simien Despréaux, vicaire épiscopal et bibliothécaire, aux citoyens commissaires de la Convention nationale. » [25 mai an II de la République française.] — (2 feuillets.)

IX. « Catalogue des livres de la bibliothèque de Bayeux. » — (64 pages.)

X. Autre catalogue. — (2 feuillets.)

XI. Index alphabétique de l'Histoire des auteurs ecclésiastiques de Dom Ceillier [par M. Guérin]. — (66 pages.)

XVIIIᵉ et XIXᵉ siècle. Papier. Broché et cartonné. — (Guérin.)

142. « Plan d'inventaire des manuscrits du chapitre de Bayeux, par l'abbé E. Deslandes, curé de Robehomme. 1887. »

XIXᵉ siècle. Papier. 110 pages. 330 sur 215 millim. Demi-rel. chagrin violet. — (Deslandes.)

143. Inventaire analytique des manuscrits du Chapitre de Bayeux, par ordre méthodique, par l'abbé E. Deslandes, curé de Robehomme.

XIXᵉ siècle. Papier. ... feuillets. 330 sur 215 millim. Demi-rel. — (Deslandes.)

144. « Obituaire de Saint-Martin de Ryes. »

Fol. 29. « La confrarie Notre-Dame fondée à Rye. — Florence Challes, femme de Charles le Sauvage, receue en laditte confrarie au moyen de cinq sols tournoys qu'elle a baillée entre les mains dudit curé. » — Fol. 30. « Cy ensuit par déclaration les rentes et terres appartenantes à l'église Saint-Martin de Rye... » — Fol. 32. « Cy ensuit les rentes deues en argent... » — Fol. 32 v°. « Vecy le tenement que Robert Gallon tient et avoue par foy et par hommage de Johan de Chapellaiz, escuier, en sa terre et seignourie de Rye... »

XVᵉ, XVIᵉ et XVIIᵉ siècle. Parchemin. 32 pages. 220 sur 157 millim. Dérelié. — (Guérin.)

145. « Le libvre des obitz de la parroisse de Cussy. »

A la fin, une feuille de papier contenant trois autorisations pour faire faire les cierges nécessaires aux deux candélabres de l'église.

XVIᵉ et XVIIᵉ siècle. Parchemin. 22 feuillets. 327 sur 260 millim. Rel. parchemin. — (Guérin.)

146. Obituarium Sancti Nicholai de Hortis Bajocensis.

Le premier feuillet manque.

XVIᵉ et XVIIᵉ siècle. Parchemin. 96 pages. 340 sur 235 millim. Rel. peau de truie.

147. Obituarium sancti Nicholai de Hortis Bajocensis.

Au commencement sont deux feuilles de papier qui contiennent différents actes de fondation. Puis ce titre :

« Liber obituum et fundationum ecclesiae collegiatae Sancti Nicolai de Hortis Baiocensis, quae, ultra officium canonicum integrum quod in eadem ecclesia quotidie celebratur, secundum usum breviarii diocesis Baiocensis, per ordinem mensium et dierum totius anni distribuuntur, juxta mentem fundatorum et superiorum intentionem. 1658. »

Page 103. Acte de fondation, en 1667, de M⁰ Richard Le Bas, chapelain de S. Nicolas des Courtils.

XVIᵉ et XVIIᵉ siècle. Parchemin. 107 pages. 347 sur 255 millim. Rel. peau de truie. — (Guérin.)

148. Obituarium Beatae Mariae Magdalenae Bajocensis.

On lit, sur la feuille de garde : « Hoc obituarium pertinet ad ecclesiam Beatae Mariae Magdalenae, in suburbio Bajocensi. »

XVᵉ, XVIᵉ et XVIIᵉ siècle. Parchemin. 49 feuillets. 260 sur 185 millim. Cartonné. — (Guérin.)

149. « Liber obituum et fundationum insignis ecclesie Cathedralis Baiocensis, ex ordine mensium et ebdomadarum et dierum totius anni, prout sequitur. Hunc autem librum nobilis et circumspectus vir, magister Johannes du Chastel, presbyter, ejusdem ecclesie thesaurarius et pro anno presenti fabricarius, scribi procuravit per me Petrum Le Bailly, presbyterum, unum ex sex vicariis maiori altari ecclesiae predictae deservientibus. Anno Domini 1586. »

Fol. 61 et suiv., actes de fondations.

Fol. 66. « Sequuntur obitus in quibus custos invenit magnum candelabrum, thus, etc... Et sunt quinque de quibus nomina sequuntur : Odonis, episcopi (1097); — Roberti, episcopi (des Ablèges, 1231), jacet subter coronam; — Thome, episcopi (de Freauville, 1238), etiam subter coronam; — Guillelmi, regis (le Conquérant); — Henrici, episcopi (Henri II, 1205), jacet in medio chori. »

« Sequuntur obitus in quibus custos debet accendere tres cereos in candelabris ferreis : Stephani, decani; — Radulphi de Gouviz; — Ludovici XI; — Philippi, episcopi (de Harcourt, 1163), jacet sub turri, ad tumbam marmoream; — Symonis de Saqueville; — Henrici regis et Ricardi, regis Anglie (Henri II et Richard Cœur de Lion); — Ricardi, filii Sansonis (Richard II, évêque de Bayeux, 1133), jacet sub alia turre; — Ricardi filii comitis (Richard III, évêque de Bayeux, fils de Robert de Kent, comte de Glocester). »

Du fol. 68 à la fin, fondations. — Finit, au fol. 118, par la fondation de l'obit de Jean Petite, 1692. Cet obituaire renferme de nombreuses indications sur les anciennes sépultures de la cathédrale de Bayeux.

XVIe et XVIIe siècle. Parchemin. 118 feuillets. 325 sur 245 millim. Rel. bois et cuir, garnie de gros clous et de coins en cuivre, fleurdelisés. — (Cathédrale de Bayeux.)

150. « Liber obituum cathedralis ecclesie Baiocensis et insignis Capituli ejusdem loci. »

Au milieu du titre sont les armes du chapitre; au-dessous on lit : « Sic scriptus hic liber, anno 1636. » — C'est la copie littérale de l'obituaire précédent, sauf quelques fondations qu'on a négligé de transcrire.

XVIIe siècle. Papier. 217 pages. 395 sur 247 millim. Rel. parchemin. — (Guérin.)

151. I. Copie de l'Obituaire de la cathédrale de Bayeux. Cette copie ne commence qu'au 2 février. — (68 feuillets.)

II. « Extrait du livre intitulé : *Liber obituum* cathedralis ecclesiae Bajocensis et insignis Capituli ejusdem loci. » 1636. (Copie de l'abbé Guérin.) — (6 feuillets.)

III. Liste des obits de la cathédrale. — (2 feuillets.)

IV. « Recueil des processions de toute l'année et autres remarques, et obits de l'année 1778-1779. » — (8 feuillets.)

V. L'ancien luminaire de la cathédrale, d'après le *Liber obituum*. (Copie de l'abbé Guérin.) — (2 feuillets.)

XVIIIe et XIXe siècle. Papier. Cahiers. — (Guérin.)

152. « Tableau de l'ancien luminaire de la cathédrale de Bayeux [et des sépultures], d'après les manuscrits du chapitre, par M. l'abbé Laffetay. 1854. »

XIXe siècle. Papier. 600 sur 480 millim. Encadré. — (Laffetay.)

153. « Tableau des chapelles de la cathédrale de Bayeux, d'après le *Livre Pelut*, les manuscrits d'Hermant et ceux de l'abbé Beziers. —

Hanc tabulam exaravit, anno Domini 1852, Jacobus Laffetay, canonicus Bajocensis. »

XIX° siècle. Papier. 400 sur 480 millim. Encadré. — (Laffetay.)

154. Recueil de pièces sur saint Exupère, premier évêque de Bayeux
et patron de Corbeil, par J. A. Guiot, de Rouen, prieur curé de
S. Guenault de Corbeil.

Fol. 3. « Cantiques en l'honneur de S‘ Spire ou Exupère... A Corbeil, 1788 », grand in-8°, gravé; remonté, avec notes manuscrites.

A la suite, on trouve :

1°. « Notes historiques sur saint Exupère ou Spire, premier évêque
de Bayeux, dont le corps est en l'église paroissiale de Corbeil sur Seine,
à 7 lieues de Paris... — Fait audit Corbeil, ce troisieme jour de septembre mil sept cent quatre vingt treize. (*Signé :*) Gontard, curé; Fauconnier, ancien chanoine, vicaire de Saint-Spire; F.-G. Picard, trésorier honoraire de ladicte église. — Attestation du procès-verbal
ci-dessus : † J.-J. Avoine, évêque du département de Seine-et-Oise. »

2°. Une lettre autographe de M. Émery, supérieur de Saint-Sulpice,
adressée à M⁇ Brault, évêque de Bayeux, pour lui annoncer l'envoi
d'une relique de saint Exupère, par l'entremise de madame de Campigny. Paris, 1803. (*Signée :*) Emery.

3°. Procès-verbal autographe de M. Emery, pour la même relique.
— « Nous soussigné supérieur général de la compagnie des prêtres de
Saint Sulpice... (*Signé :*) Emery, vic. gén. — Par mandement, Ruée,
secr. »

4°. Procès-verbal de l'invention de la relique de saint Exupère...
1ᵉʳ août 1803. Signé : Emery, etc., et plus bas : Anne-Henriette
Hocquet, femme Calon.

5°. La vie du bienheureux saint Spire, évêque de Bayeux. Copie de
cinq feuillets, faite sur l'imprimé de Paris, 1730.

6°. « Portrait de Joseph-André Guyot, né à Rouen en 1739, chanoine
régulier et ancien bibliothécaire de Saint-Victor. » Au bas du portrait
est imprimé : « Détenu en 1793 et 1794 à Melun et à Fontainebleau;
en 1796, à Corbeil et à Versailles. »

Dans le volume ont été intercalées différentes gravures et les dessins
originaux des gravures de la procession du chapitre.de Saint-Spire au
Tremblay, le dimanche des Rogations, et de la procession du clergé de
Saint-Spire au Tremblay, le jour de l'octave de la Translation, après

l'Ascension, ainsi qu'une « Esquisse de l'ancien sanctuaire de S. Spire ».

XVIIIe siècle. Papier. 23 et 44 feuillets. 330 sur 220 millim. Rel. peau de chamois. — (Guérin.)

155. « Déclarations et constitutions sur la règle de saint Benoît », pour l'abbaye de Vignats.

Page 135, on lit : « Les susdites constitutions lûes et achevées et signées capitulairement par les dites abbesse et religieuses, l'an de grâce mil six cens quatre vingt dix sept, veille de Noël. » — Et plus bas : « M. S., par permission divine, évêque de Sées, salut. Savoir faisons que vu les Constitutions ci-dessus, ensemble la requête présentée par nos très-chères et dévotes filles en N. S. J. C., les abbesse et religieuses de Sainte-Marguerite de Vignats... avons approuvé et confirmé... Donné à Sées, en notre palais épiscopal,... ce 24e de décembre, l'an de grâce mil six cent quatre vingt dix sept. (*Signé :*) M. S., évêque de Sées. — Par commandement de mondit seigneur le révérendissime évêque de Sées : Guichard. »

XVIIIe siècle. Papier. 136 pages. 183 sur 140 millim. Rel. basane. — (Guérin.)

156. « Règlements de la Congrégation de l'Oratoire de Jésus, establie par le révérendissime monseigneur le cardinal de Berulle. »

XVIIIe siècle. Papier. 260 pages. 110 sur 77 millim. Rel. basane. — (Guérin.)

157. Bullarium Fratrum Minorum.

Sur la feuille de garde, on lit : « Ce livre contient plusieurs bulles des souverains pontifes, touttes favorables à notre ordre et autorisées par les secrétaires de la chambre apostolique, [reconnues] être véritables dans ce qu'elles contiennent. »

Fol. 1. « In nomine sancte Trinitatis... Noverint universi... quod nos Antonius de Monte, Dei et apostolice sedis gratia, archiepiscopus Sipontinensis... ad venerabilis et religiosi viri fratris Claudii Hugonis, Ordinis Minorum observantie regularis provincie Francie principalis, instantiam et requisitionem... » — La dernière bulle est de Jules II, 19 avril 1512.

24 bulles. — Copie authentique certifiée par « Johannes Majoris, clericus diocesis Belvacensis,... Parisiensis notarius juratus ».

Sur la garde de la fin, on lit : « Ad usum fratris Claudii Hugonis, quandiu placuerit suis prelatis. »

XVIᵉ siècle. Parchemin. 52 feuillets. 157 sur 108 millim. Rel. veau gaufré.

158. « Compte de Pierre Hébert, receveur de messieurs les doien et chapitre de l'eglise de Paris, des receptes et mises par luy faictes à cause de l'office des anniversaires de ladite eglise, les circonstances et deppendances, pour une année, commençant au jour de Toussainctz, mil cinq cens soixante dix neuf includ, et finissant à pareil jour mil Vᶜ quatre vingt exclud, par protestation d'iceluy augmenter ou diminuer, tant en recepte que en despens, si mestier est. »

XVIᵉ siècle. Parchemin. 112 feuillets. 313 sur 260 millim. Rel. peau de chamois. — (Chapitre de Bayeux.)

159. « Recueil d'aveux, rendus à noble homme Fouquet de Campront, escuier, signeur de Maupertus. » 1446-1477.

Plusieurs feuillets manquent au commencement. — 73 pièces.

XVᵉ siècle. Parchemin. 99 feuillets. 212 sur 160 millim. Rel. parchemin.

160. « Recueil des aveux et contracts, dont est saisi en la plus grande partie le seigneur de Vierville, concernant les terres relevantes de la fieffe-ferme de Houtteville, tant en ladite parroisse de Houtteville qu'aux parroisses d'Argouges et Russy. »

XVIIIᵉ siècle. Papier. 92 pages. 388 sur 245 millim. Dérelié. — (Guérin.)

161. Cartulaire du prieuré de Saint-Blaise du Mesnil-Hamel.

Au verso du feuillet de garde sont les armes de « Katherin de Saint-Germain prieur de Saint-Blaise du Mesnil-Hamel ».

Fol. 1. « Ensuit par déclairacion les tiltres et demaignes, appartenans à la prieuré de Saint Blaise du Mesnil-Hamet, membre deppendant de la prieuré de Saint-Vigor-le-Grant, en tant qu'il en est venu à la congnoissance de honnourable religieux frere Katerin de Saint-Germain, prieur et amenistrateur perpetuel de la dicte prieuré de Saint-Blaise du Mesnil-Hamet et scegretain d'icelle prieuré de Saint-Vigor-le-Grant... »

XVᵉ-XVIᵉ siècle. Parchemin. 45 feuillets. 243 sur 172 millim. Rel. peau de truie gaufrée. — (Guérin.)

162. Cartulaire de l'abbaye de Cordillon.

238 chartes.

Les premiers feuillets sont endommagés. — L'acte le plus récent est de 1279.

XIII° siècle. Parchemin. 48 feuillets. 268 sur 187 millim. Rel. veau brun gaufré, avec fermoir en cuivre.

163. Cartulaire de l'abbaye de Longues.

190 chartes. L'acte le plus récent est de 1275.

XIII° siècle. Parchemin. 59 feuillets. 238 sur 160 millim. Rel. parchemin.

164. Cartulaire de l'abbaye de Mondaye.

837 chartes, numérotées 1-617 et 118-337. — La charte la plus récente, de première main, semble être de 1273.

A la fin : « Copia procurationis quam habet de nobis dominus de Sancto Supplicio. » (1327.) — Un dernier feuillet renferme un document en français, de 1326, en partie illisible.

XIII° siècle. Parchemin. 331 feuillets. 180 sur 130 millim. Rel. peau blanche, un côté manque.

165. Cartulaire de l'abbaye de Mondaye.

Fol. 1. « Littere ecclesie de Norone. » — Fol. 4. « Littere de Jueto. » — Fol. 4 v°. « Littere de Elone. » — Fol. 5. « Littere Capelle beate Marie de Haya d'Aguillon. » — « Littere pro ecclesia de Trungeyo. » — Fol. 20 à 31. « Codex omnium reddituum abbacie Sancti Martini de Monte Dei, factus per fratrem Laurentium de Cusseyo, anno Domini M°CCC° octogesimo. » — Fol. 31. « Prata pertinentia ad abbatiam Montis Dei. » — Fol. 41-87. Fiefs possédés par l'abbaye dans un très grand nombre de paroisses. — Fol. 93. « Franciscus Foucquet, Dei et sanctae sedis apostolicae gratia, episcopus Baionensis,... Notum facimus quod altare majus ecclesiae monasterii Montis Dei seu Auxilii, in honorem sancti Martini dedicatum, hoc anno demolitum, tunc vero magnificentius extructum, nova consecratione indigens, de licentia illustrissimi ac reverendissimi in Christo patris Cospean, episcopi Lexoviensis, solemniter et in pontificalibus... dedicavimus (7 juillet 1639). Franciscus Foucquet, episcopus Baionensis. » — Fol. 94. « Ce sont les terres, rentes et aultres choses appartenant à l'ostel de l'abeie. » —

Viennent ensuite les « amortissements pour l'abbaye de Mondaye » ; puis quatre chartes, et une bulle du pape Grégoire IX (1229) : « Gregorius... abbati et conventui monasterii de Viez, Premonstratensis ordinis... Cum a vobis petitur... Laterani, id. martii, p. n. a. tertio. Gregorius, papa viiij. » — La dernière charte, en français, est d'août 1384.

XIVᵉ-XVIᵉ siècle. Parchemin. 104 feuillets. 307 sur 183 millim. Rel. peau. — (Guérin.)

166. « Cartulaire [de l'abbaye] de Mondaie. »
Un certain nombre de feuillets ont été enlevés au commencement.
Commence : « ...salute anime mee et Thomasie uxoris mee unum quarterium ordci... Mᵒ CCᵒ Lᵒ sexto, coram parroch. de Vauxeio. » — Finit : « Ce fut fait lan de grâce mil IIIIᵉ XXXI, le chinquième jour du moys de septembre... » — (156 pièces.)

XVᵉ siècle. Parchemin. 66 feuillets. 250 sur 197 millim. Rel. peau blanche.

167. « Premier chartrier » de l'abbaye de Mondaye.
Commence : « A tous ceulz qui ces lettres verront, Guillaume de Boulegnie, vicomte de Bayeux,... 1385. » — Le dernier document est une donation d'un sou tournois de rente, à l'abbaye, par Michiel Fontenay et Jehan Fontenay, son fils, en 1432. — (557 pièces.)

XVᵉ siècle. Parchemin. 165 feuillets. 320 sur 233 millim. Dérelié.

168. « Segond chartrier » de l'abbaye de Mondaye.
Fol. 1. « L'an de grâce mil quatre cens vingt neuf, le mardi, unziesme jour d'avril, par moy Robin le Fauconnier, tabellion en la sergenterie de Briquessart... »
Fol. 145. « Le compte des pitances de Mondae pour l'an mil CCC XXIX, fait par frère Jehan Martin. » — Fol. 150. « Fourmens, tant de rente que fermage, venus au guernier pour ledit an... » — 355 pièces.

XVᵉ siècle. Parchemin. 153 feuillets. 315 sur 225 millim. Rel. peau blanche.

169. « Le tiers chartrier » de l'abbaye de Mondaye.
Fol. 1. « Noveritis... quod ego Gaufridus de Gueron, dedi... abbatie Sancti Martini de Monte Dei... in qua elegi sepulturam meam, quatuor sextarios frumenti... 1261. » — Finit au fol. 112 v', par un gage plège

de l'an 1392. — Plusieurs feuillets manquent à la fin. — (294 pièces.)

XV⁰ siècle. Parchemin. 112 feuillets. 350 sur 280 millim. Rel. parchemin. — (Guérin.)

170. Chartrier du moulin de Héville, appartenant à l'abbaye de Mondaye.

Fol. 1. « Cy après ensuient par declaration les lettres et escriptures des droits, libertés et franchises du moulin de Heville, appartenant aux religieux abbé et couvent du moustier de Saint Martin de Mondae. Lequel moulin est assis en la parroisse Dellon, ès mettes de la baronnie de Nonnant, appartenante à reverend père en Dieu monsieur l'evesque de Lisieux. » — 61 pièces.

XV⁰ siècle. Parchemin. 79 feuillets. 262 sur 190 millim. Rel. veau.

171. Recueil sur la paroisse de Saint-Sauveur de Bayeux.

1°. « Nombrement des paroissiens de Sainct-Saulveur, 8 octobre 1548. » — (10 feuillets.)

2°. « Offres faictes par le Chapittre ausdicts parroissiens de Sainct-Saulveur, acceptées par lesdicts parroissiens. 1548. » — (1 feuillet.)

3°. Procédures entre les paroissiens de Saint-Sauveur et le Chapitre. 1540-1690. (46 pièces.) — A la fin : « Arrest notable de la cour de Parlement pour Messieurs les Doyen et Chapitre de l'église cathédrale et métropolitaine de Paris, contre les curez de la ville, faux-bourgs et banlieue de Paris, 7 septembre 1651 » ; imprimé, in-4°.

4°. « Extrait des registres du secrétariat de l'évêché de Bayeux, du 13 novembre 1713, fol. 209. — Union de Notre-Dame-des-Fossés de Bayeux à Saint-Sauveur. » (4 feuillets.)

5°. « Ordonnances de Mgr de Lorraine, évêque de Bayeux, qui défend aux chapellains de Saint Nicollas de donner la bénédiction du saint Sacrement » concurremment avec le curé de Saint-Sauveur. — (5 feuillets.)

6°. « Pièces concernantes le droit du plat et de leguaire. » En faveur du curé de Saint-Sauveur, lors de la prise de possession des évêques de Bayeux. — (9 feuillets.)

7°. « Ordonnance de Mgr de Rochechouart, du 29 novembre 1759, conformément à la lettre de M. le comte de Saint-Florentin, du 29 novembre 1759, pour engager les églises à porter une partie de leur argenterie à la Monoie, pour les besoins de l'État. — Lettres patentes du Roy, par lesquelles il ordonne que sa vaisselle sera portée à l'Hôtel des Monoies de Paris... 26 octobre 1759. » (Imprimé, in-4°.) — « Pièces concernants l'envoi d'une lampe et de deux chandeliers d'argent, par la paroisse de Saint-Sauveur de Bayeux. — Difficultés, à cette occasion, avec les chapelains de Saint-Nicolas, pour l'inventaire des ornements fait lors du transport du culte de l'église Saint-Sauveur dans celle de Saint-Nicolas des Courtils. » (35 feuillets. 22 pièces.)

8°. « Confrérie du très-saint Sacrement établie dans l'église de Saint-Sauveur. Trois bulles du pape Alexandre VII, la première du 16 juillet 1660 ; traduction de la même bulle en français ; la deuxième du 17 juillet 1660, et la troisième du 5 mai 1666. — Bulle du pape Clément XIV, du 17 décembre 1773. (Parchemin.) — Supplique des paroissiens de Saint-Sauveur, en faveur de ladite confrérie, adressée à Mgr de Rochechouart. » — (2 feuillets.)

9°. Petit plan d'élévation du chevet de l'église et d'une partie du presbytère de Saint-Sauveur de Bayeux (?). (Ce plan fait partie d'une liasse de papiers relatifs à la paroisse de Saint-Sauveur de Bayeux.)

XVIe-XVIIIe siècle. Papier et parchemin. Liasse. — (Guérin.)

172-173. Recueil sur la paroisse de Saint-Martin de Bayeux.

I. 1°. « Registre des délibérations, 1761-1764. » — (47 feuillets.)

2°. « Testament de M. Thomas Gaugain, originaire de Bayeux, prestre curé et doyen de l'églize paroissiale et collégiale de Motteville, dioceze de Rouen... 1742. » — (6 feuillets.)

3°. Requête des habitants de Saint-Martin à Mgr de Trudaine, conseiller d'État ordinaire au conseil du Roy et intendant des finances, pour obtenir un secours et la démolition de la porte de Saint-Martin, tombant en ruines, afin de restaurer leur église. — (2 feuillets.)

4°. « Extraits du registre des délibérations de l'Hôtel de ville de Bayeux, l'un du 25 mars 1765, et l'autre du 28 juin 1769, pour la nomination des officiers municipaux. — Mainlevée pour la jouissance d'une succession, en faveur de François Osber, escuyer, et demoiselle Marie-Anne Osber, sa sœur. 13 avril 1704. » — (4 et 2 feuillets.)

II. « Registre concernant les délibérations de la paroisse Saint-Martin de Bayeux, du six décembre 1760 au 28 décembre 1777. » — (53 feuillets.)

XVIIIe siècle. Papier. 270 sur 170 et 300 sur 185 millim. Cartonné. — (Guérin.)

174. « Compte du bien et revenu de la commune de Saint-Symphorien de Baieux pour six années finyes au jour saint Michel, 1632. — Messire Henry Sorel, bourgeois dudit lieu, communier et comptable. »

Fol. 1. « Le présent compte a esté présenté et affirmé véritable par ledit Sorel, devant vénérable personne M. Robert Davauleau, prestre, curé de Saint-Symphorien de Bayeux, 28 décembre 1633. (*Signé :*)Sorel. »

Fol. 2. « Compte premier du revenu de la Charité, trésor, obictz et custos de l'églize de Sainct-Symphorien de Baieux, réduict en commune de l'advis et consentement de monsieur le chanoine de Sainct-Germain, fondée en l'églize cathédrale Notre-Dame Bayeux, patron dudit lieu... par les sieurs curé, choristes et habitans de ladicte parroisse... »

XVIIe siècle. Parchemin. 42 feuillets. 285 sur 235 millim. Rel. parchemin. — (Guérin.)

175. Registres des délibérations des paroisses de Saint-Jean et de Saint-Malo de Bayeux.

I. « Registre pour les consentements de la parroisse de Saint-Jean de Bayeux. 25 août 1737-10 may 1744. »

II. « Registre des délibérations de la paroisse de Saint-Malo de Bayeux, commencé le 4 mai 1788 », jusqu'au 21 février 1790.

XVIIIe siècle. Papier. 5 et 10 feuillets. 230 sur 177 et 302 sur 200 millim. Rel. parchemin. — (Guérin.)

176. — Recueil sur le monastère des Bénédictines de Bayeux.

1°. Liasse de 12 pièces, en parchemin, concernant la fondation de l'abbaye des Bénédictines de Bayeux. — La première pièce est de 1629 et la dernière de 1681. (Quelques lettres patentes portent encore le grand sceau.) — (Guérin.)

2°. Liasses de quittances délivrées par les prieures de l'abbaye. (1770-1790.)

3°. Accord entre Pierre de Percaval, escuier, et le monastère des Bénédictines. (XVIIe et XVIIIe siècle.) — Papier.

4°. Biens nationaux, provenant des Bénédictines de Bayeux. (1792 — an VIII de la République.) — Papier. — (Don de M. Ch. Raisin.)

XVIIe et XVIIIe siècle. Parchemin et papier. Liasse.

177. Fondation de l'abbaye des Bénédictines de Bayeux.

Sur la couverture on lit : « Ce registre contient les coppies des originaux des tiltres et fondations faictes par messire Robert de Vallois, chevallier, seigneur d'Escoville, et noble dame Magdeleine de Boyvin, son espouze, tant de douze boisseaux de froment à la chapelle Notre-Dame de la Dellivrande, en 1615, que d'une abbaye au faux-bourg de Bayeux, parroisse de la Potherie, en l'année 1646, et autres ensuivantes par 1000 livres de rente et autres acquisitions en faveur des dames Magdelaine et Margueritte de Vallois, religieuses bénédictines, leurs filles. »

XVIIe siècle. Papier. 126 feuillets. 300 sur 190 millim. Rel. parchemin. — (Don de M. l'abbe E. Deslandes.)

178. Recueil sur l'église collégiale de Saint-Nicolas des Courtils.

1°. Présentations et collations à différentes chapelles vacantes (1624-1682). — 14 pièces, dont un certain nombre est revêtu du sceau et du contre-scel de la collégiale de Saint-Nicolas.

2°. Actes des inhumations dans l'église de Saint-Nicolas des Courtils. 1741-1781. — (8 feuillets.)

3°. Registre des inhumations de Saint-Nicolas. 1781-1790. — (2 feuillets.)

4°. « Compte que rend le sieur Le Pelletier, trésorier de la paroisse Saint-Nicolas, des recettes et dépenses qu'il a faites, pendant les deux années de sa gestion. » A la fin : « Présenté ce 31 décembre 1785... » — (4 feuillets.)

XVIIe et XVIIIe siècle. Papier. Liasse. — (Guérin.)

179. Pieuré de Saint-Nicolas de la Chesnaye, près Bayeux.

« Extrait des registres du Conseil d'État privé du Roy. Vu par le Roy et son conseil, les requestes présentées par Mre Pierre Besnier, prestre, nommé par Sa Majesté au prieuré commandataire de Saint-Nicolas de la Chesnaye, près Bayeux, aumosnier du sieur archevesque de Rouen », contre le « sieur de Marcilly, chevalier de l'Ordre de Saint-Lazare, et commandeur de la commanderie de Caen », qui avait « esté mis en possession... du quart au total des biens et revenus du dit prieuré... Paris le vingt-six mai mil six cens quatre-vingt-quinze. Jourdain. »

XVIIe siècle. Parchemin. 12 feuillets. 325 sur 250 millim. Dérelié. — (Guérin.)

180. « Chartrier des contracts, titres et enseignemenz, contenantz les héritages, rentes et revenu annuel du prieuré hospitalier de Saint-Jean-l'Évangéliste de Bayeux. »

Au commencement est jointe cette note du XVI° siècle : « En ce chartrier sont comprins deux cents cinquante et quatre contractz et sentences, contenantz plusieurs fondations d'obitz et donations faictes aux prieur et religieux de l'Hostel-Dieu de Baieux... »

Fol. 1. « En ce present livre registre ou chartrier, faict et escript de l'ordonnance de religieux homme et honneste frerc Guillaume de la Marre, prestre, prieur administrateur de l'Hospital ou Maison-Dieu de Baieux, pensant au bien, prouffit et utilité d'icelluy hospital, sont transcriptes et enregistrées plusieurs lettres, chartres et escriptures, touchans et regardans plusieurs rentes, revenus et possessions dudit hospital... lequel a esté encommenchié et la plupart d'icelluy escript de la main de Jehan des Maires, tabellion audit lieu de Baieux. » — (269 pièces.)

On trouve aussi au commencement 9 feuilles de papier, renfermant une table « des rentes en deniers et oiseaux selon la date des contrats, sentences et accords, selon les feuilles où ils se trouvent dans ce présent chartrier, par ordre alphabétique des noms des villages ou parroisses » .

XV° siècle. Parchemin. 112 et 33 feuillets. 603 sur 340 et 300 sur 210 millim. Rel. parchemin.

181. « Table générale et chronologique » du chartrier du prieuré de Saint-Jean-l'Évangéliste.

1°. « Sommaire analytique des pièces contenues dans un manuscrit relatif au prieuré de Saint-Jean-l'Évangéliste et à la fondation du séminaire de Bayeux, par Mgr de Nesmond. » — Note de l'abbé Laffetay : « Cet inventaire est très-certainement celui des pièces contenues dans le grand cartulaire de l'Hôtel-Dieu. Le petit cartulaire a été acquis à la vente de M. Pluquet, par M. le vicomte H. de Toustain. On y trouve, *in extenso* un certain nombre de pièces énumérées dans notre inventaire. » — Le dernier document indiqué est de 1697.

2°. Quatre cahiers, renfermant des copies de bulles des papes et de chartes relatives aux immunités des biens ecclésiastiques. (XV°-XVI° siècle.)

XVIII° siècle. Papier. 11 feuillets. 365 sur 255 millim. Cartonné.

182. Recueil sur l'Hôtel-Dieu de Bayeux. (Ancien prieuré de Saint-Jean-l'Évangéliste.)

1°. « Estat des rentes et revenus de l'Hostel-Dieu de Bayeux, demouré affecté aux pauvres dudit hospital... » 1644. — (13 feuillets.)

2°. Liste des communautés religieuses exemptes de produire des extraits d'actes sur papier timbré. — (2 feuillets.)

3°. « Extrait de l'état du bien de l'Hôtel-Dieu de Bayeux, déclaré par M. Lamy, en 1674, pour satisfaire à l'arrest du conseil du Roy. » — (2 feuillets.)

4°. « Supplique des pauvres malades de l'Hôpital de Bayeux, à Mgr Guynet, chevalier, conseiller du Roy, ...intendant de la généralité de Caen. — (1 feuillet.)

5°. Copie de l'accord entre les religieux de l'Hôtel-Dieu de Bayeux et les Hospitalières dudit lieu; 17 may 1645. — (2 feuillets.)

6°. Lettres patentes de Louis XIII, en faveur des religieuses hospitalières de l'Hôtel-Dieu de Bayeux; 4 mars 1661. (Parchemin.) — (1 feuillet.)

7°. Attestation de Mgr de Nesmond, évêque de Bayeux, qui confirme l'établissement des « religieuses vocalles du monastère de la Miséricorde de Jésus, dans l'Hôtel-Dieu de Bayeux (22 may 1712), et attestation sur le même sujet des messieurs de la ville de Bayeux », 3 mai 1712. — (4 feuillets.)

8°. Registre des professions religieuses des Hospitalières de l'Hôtel-Dieu de Bayeux. Du 22 juin 1674 au 30 décembre 1784. — (12 feuillets.)

9°. Délibérations capitulaires des religieuses. Du 13 may 1670 au 22 septembre 1720. — (6 feuillets.)

10°. Extrait des registres du Conseil d'État, pour répondre à une supplique des religieuses de l'Hôtel-Dieu; 8 octobre 1712. — (2 feuillets.)

11°. Requête de « Jean Claude Clément le Tual, docteur en médecine, médecin bréveté militaire en segond, pour l'Hôpital de Bayeux, maître en chirurgie, relative au règlement de l'Hôtel-Dieu ». 1781. — « Extrait du registre des délibérations capitulaires de la communauté de l'Hôtel-Dieu de Bayeux. 20 juin 1788. » (C'est une réponse à la susdite requête.) — (8 feuillets.)

XVIIe et XVIIIe siècle. Papier. 300 sur 190 millim. — (Guérin.)

183. Chartrier de l'Hôtel-Dieu de Bayeux.

« Inventaire des lettres et écritures qui sont dans le chartrier des dames religieuses de l'hôtel Dieu de Bayeux. »

XVIIIe siècle. Papier. 435 feuillets. 380 sur 235 millim. Carton. parchemin. — (Guérin.)

184. Recueil sur l'hôpital général de Bayeux.

1°. « Registre de recette des deniers de l'Hôpital général de la ville et fauxbourg de Bayeux, pour l'année 1722. »

2°. « Registre de dépence faitte à l'Hôpital général de la ville et fauxbourg de Bayeux, pour l'année 1722. »

A la suite, deux feuilles de papier, sur l'une desquelles est écrit : « Quittance et arresté de compte du Bureau, qu'il faut bien garder avec un mémoire que j'ay écrit de ma main. » — L'autre feuille renferme deux quittances délivrées par « M. Daugier, chanoine et sindic de l'Hôpital des pauvres valides de Bayeux, à M. de Préville, curé de Saint-Sauveur ». — Sur la couverture du registre on lit : « Registre de mon frère pour les comptes du Bureau, où j'ay mis plusieurs projets ou mémoires qui paroissent présentement assez inutiles, qu'il faut cependant garder encore. »

XVIIIᵉ siècle. Papier. 93 feuillets. 292 sur 185 millim. Carton. parchemin.

185. Registre du Bureau de la Charité de Bayeux.

1°. « Registre concernant la recette du Bureau de Charité, commençant au trois mars 1765, jour de la réception du sieur Paisant. » (1765-1791.)

2°. « Registre concernant la recette des aumônes provenantes des dispenses de parenté et de baons et autres. » (1765-1790.)

XVIIIᵉ siècle. Papier. 74 feuillets. 340 sur 120 millim. Carton. parchemin.

186. Confréries et Collège de Bayeux, etc.

I. Confréries.

1°. « Confrérie des métiers de mercier-grossier et de cirier-droguiste, dans le couvent des Augustins de Bayeux. 1634. » — (6 feuillets.)

2°. « Aveu du 20 juin 1567. Les frères et sœurs de la confrérie Toussaint, establie à Saint-Floccel de Bayeux. » — (1 feuillet.)

3°. Liste des confréries des corps et métiers à Bayeux, par l'abbé Guérin. — (1 feuillet.)

II. Collège de Bayeux.

1°. « Ordre prétendu estre gardé au collége de Bayeux... 1588. » — (3 feuillets.)

2°. Quatre listes des principaux du collège ; 1500-1731. — (4 feuilles.)

III. Deux épitaphes, sur une feuille de parchemin, en l'honneur de « feu M. Henry Gohier, garde des sceaux pour le Roy en la vicomté de Baieux, mort en 1591 ».

IV. Provisions pour M. Guillaume Regnault de Préville, huissier du cabinet du prince de Condé, 1670. Première liasse : 3 pièces parchemin et une en papier, avec grands sceaux en cire rouge du prince de Condé. — Deuxième liasse : 3 pièces parchemin, avec le grand sceau en cire rouge du prince de Condé. — Troisième liasse : 21 pièces, papier, avec sceaux et cachets. Signatures autographes du prince de Condé.

XVI⁰-XVII⁰ siècle. Parchemin et papier. Liasse. — (Guérin.)

187. Varia.

Papiers provenant des familles Suhard de Rampan, de la Rouge-Fosse, de Percaval, etc.

1°. « Pièces concernant la chapelle de Vaux [sur Aure].

Procès entre M. de Vaux-Patry et M. de Rampan au sujet de leur banc dans la chapelle Saint-Jean, latérale au chœur de l'église de Vaux-sur-Aure. » 1745. — (13 pièces.)

Parmi ces pièces se trouve une généalogie de la famille Suhard.

2°. Documents concernant l'abbaye de Saint-Sever et ladite famille. — (39 pièces.)

3°. Bénédictines de Bayeux. — (3 pièces.)

4°. Chapelains de Saint-Nicolas-des-Courtils. — (18 pièces.)

5°. Sainte-Chapelle de Paris. (17 pièces.)

6°. Le chanoine de Saint-Jean. — (9 pièces.)

7°. Quittance du curé de Saint-Sauveur-des-Deux-Jumeaux. — (10 pièces.)

8°. Titres de la famille Suhard de Vaux-sur-Aure. — (12 pièces.)

XVII⁰-XVIII⁰ siècle. Papier. Liasse. — (Don de M. Charles Raisin, de Bayeux.)

188-189. Chartrier de Saint-Vigor-le-Grand.

Tome I. — « Inventaire des titres, chartes, déclarations, aveux, baux, contracts et autres pièces qui se conservent dans le chartrier du prieuré et monastère de Saint-Vigor-le-Grand, prez Bayeux, concernantes les droits, privilèges, dignitez et revenu d'icelluy et membres en dépendants, qui s'extendent tant dans la parroisse dudit lieu de Saint-Vigor-le-Grand que dans celles de Saint-Sulpice, Tour, Cricqueville, Ouffières, Valcongrain, Curcy, Saint-Jean de Bayeux, Saint-Martin, Saint-Patrice, Sainte-Madelaine, Agy, Russy, Courvaudon, Vienne, Rie, Campigny, Saint-Gourgon, forest et buisson du Vernay et autres lieux, fait en l'année 1750. »

Tome II. — Même titre.

XVIIIe siècle. Papier. 732 et 711 pages. 365 sur 240 millim. — (Don de M. l'abbé Duvelleroy, vicaire général.)

190. Régie de Saint-Vigor de Bayeux.

Sur le côté droit de la couverture, on lit : « Pièces remises par le sieur Le Tourneur, concernantes la régie de Saint-Vigor, Sommervieu, Port et Commes, remise le 25 février 1788. »

XVIIIe siècle. Papier. 160 feuillets. 225 sur 155 millim. Cartonné.

191. Inventaire des titres du prieuré de Saint-Gabriel.

« Inventaire des titres, pièces et écritures qui se conservent dans le chartier du prieuré et monastère de Saint-Vigor-le-Grand, prez Bayeux, concernantes les droits, dignitez, privileges et revenus appartenants à la manse conventuelle du prieuré de Saint-Gabriel, de présent unie audit prieuré de Saint-Vigor-le-Grand, qui s'extendent dans les par-roisses de Saincte-Croix-sur-la-mer, Villiers-le-Sec, le Manoir, Creullet, Meuvaine, Colombie-sur-Seule et Coulons, fait en l'année 1750. »

XVIIIe siècle. Papier. 326 pages. 320 sur 210 millim. Carton. par-chemin.

192. Chartes diverses.

I. Chapitre de Bayeux. — Cinq liasses.

Première liasse : 11 chartes. N° 1. Guillaume des Marais ratifie, comme seigneur, la donation que Jeanne, veuve de Thomas Foubert, avait faite à la Cathédrale et au Chapitre de Bayeux, d'une pièce de terre, pour célébrer, chaque jour, une messe pour le repos de l'âme de Raoul de Chaumont, autrefois archidiacre de Bayeux. 1257. La 11e charte est un compromis entre Robert, doyen, et le chapitre de Bayeux, pour les réparations des manoirs, moulins et autres édifices, appartenant au doyenné. 1282.

Deuxième liasse : 12 chartes. La première de l'an 1271 et la douzième de 1216.

Troisième liasse : 2 chartes. « Confirmation des 12 heuriers, comme ils ont à prendre XL livres sur le sceau de l'évêché. 20 may 1401. »

Quatrième liasse : 2 chartes. « Ces deux pièces concernent la confrairie de Notre-Dame de l'Assumption, dans l'église de la Poterie. »

Cinquième liasse : 12 copies de bulles, chartes et légendes du bréviaire, sur quelques saints évêques de Bayeux. — Deux bulles d'Urbain III. 1185. — Bulle d'Innocent IV. 1243. — Une charte de Pierre, évêque de Bayeux, sans date. — Charte d'Odon, évêque de Bayeux, sans date. — « Extrait de la vie du bienheureux Geoffroy, deuxième abbé de Savigni, composée à la fin du XIIe siècle, et qui est copiée dans les preuves de l'histoire manuscrite de Savigny, à la bibliothèque de Fougères. » — Testament de Guillaume de Tanquarville, chanoine de Bayeux. 1240. — Légende de saint Exupère, premier évêque de Bayeux, extraite d'un lectionnaire manuscrit du XIIe siècle. — Autre légende de saint Exupère, tirée d'un bréviaire du XIIIe siècle. — Légende de saint Regnobert, second évêque de Bayeux, de bréviaires du XIIIe et XVe siècle. — Légende de saint Vigor, de bréviaires du XIIIe et XVe siècle. — Légende de saint Gerbold, de bréviaires du XIIIe et XVe siècle.

II. Abbaye de Cordillon.

Une liasse de 7 chartes. La première est d'Eude de Vassy, sans date, et la dernière est la charte de fondation de l'abbaye de Cordillon, sans date. — 8° Copie de la charte de fondation. — 9° Liste des abbesses de Cordillon, de 1247 à 1658. — 10° Reproduction de la liste ci-dessus, avec cette note écrite de la main de l'abbé Guérin : « Copie faite sur une note écrite par une religieuse de Cordillon. Cette note fait partie d'une quantité de livres de chant et de piété (manuscrits) et de prières diverses qui m'ont été remises par deux anciennes religieuses de Cordillon, l'une est morte à Bayeux et l'autre à Torteval. Celle de Bayeux me fit don du cachet de l'abbesse dont l'empreinte est ci-contre. »

III. Abbaye de Longues.

Quatre liasses. Première liasse contenant 4 chartes relatives à la paroisse de Saint-Pierre de Fontenailles. 1205-1298. — Deuxième liasse, 8 chartes, pour la paroisse de Marigny. 1264; la dernière est sans date. — Troisième liasse, 5 chartes pour Magny. (1250-1481.) —

Quatrième liasse, une charte de l'an 1269. C'est une donation à l'abbaye, d'une demi-acre de terre, dans le territoire de Monts, par Guillaume de Saint-Germain de la Lieue.

IV. Abbaye de Mondaye. — Deux chartes. 1287-1301.

V. « Messire Pierre le Comte ?, prestre, curé de Reniéville, donne en fieu... une pièche de terre, assise au lieu de Hauteville... à Jehan le Roux, de la paroisse de Hauteville. 1444. »

VI. Arrêt de Henri, roi de France, en faveur de Marguerite de Vanssey, femme de Arthur Gambier, écuyer, sieur de Savigny, pour la succession de feu son père Jehan de Vanssey et de sa mère Loyse de Salmon. 1586.

VII. « Lots et partages de la succession de deffunt Jehan Verrier ? de la paroisse de Magneville. 1567. » — (Guérin.)

193. « Cartularius antiqus ecclesie Baiocensis. » (*Livre noir.*)

Au commencement se trouvent trois feuillets renfermant une table alphabétique, écrite au XIV⁰ siècle : « Tabula antiqui Cartularii ecclesie Baiocensis, per ordinem alphabeti et per numerum foliorum. » — Finit : « Tabula hujus cartularii, centum quinquagenta folia continentis, facta in ordine alphabeti per Henricum Oresme et Reginaldum de Betencuria, canonicos Baiocenses, anno Domini M. CCCLXVIII⁰. »

Du fol. 1 au fol. 13, chartes des ducs de Normandie et des rois d'Angleterre, en faveur de l'église de Bayeux. — Fol. 12 v⁰. Confrérie établie pour la reconstruction de la cathédrale de Bayeux (sans date). — Fol. 14. Hôtel-Dieu de Caen. — Fol. 16. Abbaye de Saint-Étienne de Caen. — Fol. 17. Abbaye du Val Richer. — Fol. 17-18. Transaction entre l'évêque de Bayeux et l'évêque de Salisbury. — Fol. 29 v⁰. Dédicace de l'église de Cambremer. — Fol. 35 et 44. De l'exemption de l'abbaye de Troarn. — Fol. 13-40. Documents sur les prébendes de la cathédrale. — Fol. 41-46. Bulles des papes, en faveur de l'église de Bayeux : 10 de Lucius III ; 17 d'Eugène III ; 14 d'Alexandre III ; 3 d'Urbain III ; 2 de Célestin II ; 11 d'Adrien IV. — Fol. 77-91. 13 bulles du pape Innocent III. Viennent ensuite des chartes des rois d'Angleterre, des évêques de Bayeux, etc. — Obits. — Règlements concernant la fameuse couronne de lumière de la cathédrale.

La première charte est antérieure à 1066 et la dernière de 1288. (583 chartes.) — Voy. Léchaudé d'Anisy dans les *Mémoires de la Société des Antiquaires de Normandie,* 2⁰ série, t. II, p. 435-454.

La première partie du cartulaire a été écrite au commencement du XIII° siècle. En marge, on remarque un certain nombre d'annotations de la main de Henri Oresme, au XIV° siècle, et quelques autres du XVII° siècle.

XIII° siècle. Parchemin. 142 feuillets. 310 sur 205 millim. Rel. avec ais de bois.

194. « Tabula beneficiorum civitatis et dyocesis Baiocensis » ; accedunt « Taxatio beneficiorum » et « Patroni. »

Cinq feuillets manquaient au commencement déjà au XVII° siècle ; on fit alors une nouvelle foliotation ; présentement le fol. v du XV° siècle est le fol. 1 du XVII°, et le fol. xxix et dernier du XV° siècle correspond au 25° du XVII° siècle.

Fol. 1. « *Prebende ecclesie cathedralis et alia beneficia existentia in ecclesia cathedrali.* » — Fol. 2. « *Abbatie et prioratus dyocesis Baiocensis.* » — Fol. 3 v°. « *Apud Baiocas, beneficia in civitate et infra singulas et banleucam existentia.* » — Fol. 4 v°. « *In archidyaconatu Baiocensi. Decanatus de Fonteneto Paganelli. — Decanatus de Evrecheyo. — Decanatus de Villaribus. — Decanatus de Castro Virie. — Decanatus de Condeto supra Nigram aquam.* » — Fol. 9 v°. « *In archidyaconatu de Cadomo. Decanatus de Crolleyo. — Decanatus de Dovra. — Decanatus de Maletoto.* » — Fol. 12. « *In archidyaconatu de Oximo. Decanatus de Troarno. — Decanatus de Vaucellis. — Decanatus de Cingueliz.* » — Fol. 15 v°. « *In archidyaconatu de Citra vada. Decanatus de Campigneyo. — Decanatus de Thorigneyo. — Decanatus de Couvains. — Decanatus de Treveriis.* » — Fol. 19 v°. « *Apud Cadomum. — Apud Sepulcrum.* » — Fol. 21. « *Apud Cambremer.* » — Fol. 21 v°. « *Abbatie et prioratus foraney.* » — Fol. 22. « *Exempti Fiscanenses.* » — Fol. 22 v°. « *Abbates ordinis Cisterciensis.* » — Fol. 24. « *Pensiones debite annuatim : primo pro synodo pascali ; secundo pro synodo hyemali.* » — Fol. 24 v°. « *Pensiones debite pro synodalico pascali.* » — Fol. 25. « *Procurationes seu visitationes.* »

Au commencement, on lit cette note, en marge : « Cecy est la copie exécutée dans le XV° siècle, sous l'épiscopat de Louis de Harecourt, du pouillé du diocèse de Bayeux, connu sous le titre de *Livre pelut...* » — « L'original a été perdu au moment de la Révolution. » — A l'intérieur se trouvent quelques notes du XVII° siècle. — L'abbé Béziers a reproduit ce pouillé, d'une manière inexacte, à la fin de son *Histoire sommaire de la ville de Bayeux*.

XVe siècle. Parchemin. 25 feuillets. 345 sur 235 millim. Cartonné.

195. I. « Tabula beneficiorum civitatis et diocesis Baiocensis. »
Fol. 1. « Extrait d'un livre conservé au thrésor des lettres et escritures de l'évêché de Bayeux, appelé vulgairement le livre V[elut], contenant ce qui en suit : au premier feuillet et suivants. Taxatio beneficiorum. — Tabula beneficiorum... — Patroni. » — Finit : « Collation faite... le mercredi 25 may 1667; ce que lesdittes partyes ont signé : Philippes Caron. — Juvigny. — Blondel. — F. le Cavelier, notaire apostolique. » — C'est une copie littérale du n° 194. (21 feuillets.)
II. « Tabula beneficiorum diœcesis Baiocensis. » Fol. 1. « In archidiaconatu Baiocensi. Decanatus de Fonteneto Paganelli. » (Officialité de Bayeux.) — C'est un pouillé du diocèse de Bayeux, avec quelques noms des paroisses. Traduits en français. — (13 feuillets.)
III. « Nomenclature des bénéfices du diocèse de Bayeux, en 1789. » — Cette copie a été faite par M. l'abbé Guérin. Au premier feuillet on lit : « Copie d'un cahier imprimé pour l'usage du secrétariat du diocèse de Bayeux, avant la Révolution de 1789. — Ce cahier, dont il n'existe probablement que ce seul exemplaire, m'a été communiqué, en juillet 1852, par M. Nicolle, ancien imprimeur et successeur de son père, dans l'imprimerie duquel ce cahier a été fait, sur la demande de M. Lemoussu, alors secrétaire du diocèse. — Cette copie est conforme à l'imprimé, lettre pour lettre, mot pour mot et page par page, afin de reproduire exactement l'orthographe des noms. L'original a 0,355 de hauteur sur 0,245 de largeur. Il paraîtrait avoir été destiné à inscrire la nomination à tous les bénéfices du diocèse. » Signé « Guérin, chanoine secrétaire de l'évêché de Bayeux ». — (54 pages.)
IV. « Communes encore suprimées pour le culte au premier janvier 1830. » — (2 feuillets.)

XVIIe et XIXe siècle. Papier. In-fol. Cartonné. — (Guérin.)

196. Pouillé de l'archidiaconé de Caen.
Page 15. « Sequuntur nomina ecclesiarum subjectarum visitationi archidyaconatus de Cadomo. »

XVIe siècle. Papier. 127 pages. 183 sur 150 millim. Cartonné.

197. I. Pouillé du diocèse de Bayeux. (*Pouillé Lamare.*)

On lit au commencement : « Pouillé ou catalogue général de toutes les églises, chapelles et bénéfices ecclésiastiques du diocèse de Bayeux, divisé en quatre parties... Écrit à l'abbaye de Fontenay, près Caen, l'an 1785. » — (Copie de l'abbé Guérin 1842.)

XIXᵉ siècle. Papier. 181 pages. 348 sur 230 millim.

II. « Chapelles dans le diocèse de Bayeux, avant 1793. »
Copie de M. l'abbé Guérin.

XIXᵉ siècle. Papier. 22 feuillets. 250 sur 220 millim. Cartonné. — (Guérin.)

198. « Catalogue des bénéfices-cures du diocèse de Bayeux et du nom des patrons. »

Le vocable du saint est indiqué après chaque paroisse.

XVIIIᵉ siècle. Papier. 97 pages. 170 sur 100 millim. — (Guérin.)

199. « Repertorium cartularii de rebus fabrice Baiocensis ecclesie pertinentibus, facti et scripti anno Domini millesimo quadringentesimo tricesimo septimo. » — Au commencement trois feuillets de table.

Fol. 23 vᵒ. Neuf bulles de papes, en faveur des bienfaiteurs de l'église de Bayeux.

Fol. 27 vᵒ et 28. Extraits du *Cérémonial de Langevin.*

Fol. 29. Deux bulles du pape Eugène IV (1441-1440). — Du fol 1 au fol. 33, cinquante-huit pièces, dont la première est de 1395 et la dernière de 1440.

Fol. 37. « Inventarium librorum existentium in libraria nova ecclesie Baiocensis, factum per venerabiles et circumspectos viros dominos et magistros Johannem Fabri succentorem, et Guillelmum Auber primarium et Johannem Gervasii, canonicum dicte ecclesie Baiocensis, per Capitulum ipsius ecclesie ad hoc commissos, anno Domini millesimo CCCCᵐᵒ tricesimo sexto, die sexta mensis februarii. » — Cet inventaire renferme la notice de 192 manuscrits. — Imprimé plus haut dans l'introduction.

Fol. 54. Actes divers de Louis de Harcourt, patriarche de Jérusalem et évêque de Bayeux.

Fol. 58 vᵒ. « Consensus capituli pro structura turgie orlogii. 1477. »

Fol. 59 v°. Actes en faveur de la fabrique de l'église de Bayeux. 1477-1599.

Fol. 71 *bis.* « Inventaire des joyaulx, capses, reliquiaires, ornemens, tentes, paremens, livres et aultres biens, appartenans à l'eglise Nostre Dame de Bayeux et en icelle trouvés, veux et visités par venerables et discretes personnes maistre Guillaume de Castillon, archidyacre des Veiz, et Nicole Michiel, fabriquier, chanoines de ladicte eglise, a ce deputés et commis en chapitre general de ladicte eglise, tenu et celebré après la feste de sainct Ravent et sainct Rasiph, en l'an mil quatre cens septante six, très reverend pere en Dieu monseigneur Loys de Harecourt, patriarche de Jerusalem, lors evesque, et reverend pere maistre Guillaume de Bailleul, lors doyen de ladicte eglise. Et fut cedit inventaire fait en moys de septembre par plusieurs journées ; a ce presens les procureurs et serviteurs du grand cousteur de ladicte eglise, et messire Johan Castel, chapellain de ladicte eglise et notaire apostolique. Et icy est redigé en françois et vulgaire langaige, pour plus claire et familiere designation desdictz joyaulx, ornemens et aultres biens et de leurs circonstances que elle n'eust peu estre faicte en termes de latinité.

Et est cedict inventaire cy après digeré en ordre et designé en distinction en six chapitres. Le premier est des joyaulx d'or et d'argent, capses et reliquiaires trouvés et gardés environ le grand autel et en cueur de ladicte eglise. Le second est d'aultres joyaulx et ornemens trouvés et gardés eu coffre qui est hault en la chambre du tresor. Le tiers est des riches manteaulx et precieuses chapes trouvées et gardées eu triangle qui est assis au costey dextre du pulpitre dessoubz le crucifix. Le quart est d'aultres chapes communes, casubles, tuniques, dalmatiques, estolles, fanons, aulbes, amictz et linge pour l'autel, trouvés et gardés eu revestiaire de ladicte eglise. Le quint est de tentes, tapis, cortines, paremens d'autel et aultres, draps de soye pour parer le cueur, trouvés et gardés eu revestiaire de ladicte eglise. Le sixte est des livres tant pour l'office de l'eglise que de estude, trouvés et gardés tant dedens le cueur que en aultres lieux et chapelles environ ledict cueur. En ce non comprins les livres qui sont en la librairie commune de l'eglise, desquelz inventaire sera fait a part. »

Fol. 78. « Apres cestuy inventaire fait l'an mil quatre cens LXXIX, eu moys de decembre, feu monseigneur de bonne memore Loys de Harecourt, patriarche de Jerusalem, evesque de Baieux, deceda, et, par son testament, donna a ceste eglise deux precieux joyaux. L'ung est un calice avec la patene tout d'or, pesant trois marcs, deux unces, cinq gros. Dedens la patene en lieu d'esmail a une main estendue enlacée en une croix ; et sur la pate du calice, qui a huit angles, a en esmail d'ung costé ung crucifiement ; et de l'autre les armes dudict seigneur ; deputé a servir a l'autel aux festes solennelles, et mis en garde avec les aultres calices. L'autre est une croix d'or, en laquelle du long et du travers a du beric enchassé en l'or, pesante quatre marcs, trois unces ; d'ung costey en hault et aux deux bras sont les ymages eslevées du crucifix, de nostre Dame et de sainct Jehan ; et en bas les armes dudict seigneur, en esmail ; et de l'autre costey sont en esmail les quatre evangelistes. Laquelle a esté mise en garde eu coffre du tresor, jusque ad ce que on luy ait fait un pié ad ce que elle puisse servir sur l'autel avec ledict calice aux festes solennelles. »

Fol. 93 v°. Finit : « Premissa in omnibus et per omnia prout supra declarata sunt, vidi, fui et audivi ego Johannes Castelli, presbyter, publicus apostolica et imperiali auctoritatibus notarius, et hec omnia omnibus visuris certifico. Jo. Castelli. » — « Ego Egidius Thoma, publicus imperiali auctoritate curieque episcopalis Baiocensis ac venerabilis Capituli ecclesie predicte notarius, fui etiam presens in omnibus premissis prout supra. Egidius. » — Cet inventaire renferme 358 articles.

Fol. 95. « Anno Domini millesimo CCCC octuagesimo, in capitulo generali ecclesie Baiocensis, post festum sanctorum martirum Ravenni et Rasiphi celebrato, per dominos capitulantes deputati fuerunt et commissi venerabiles et circumspecti viri domini et magistri Guillelmus Aubery, sacre theologie professor, Guillelmus de Monasterio, in eadem licenciatus, et Johannes Dubecq, in canonico jure licenciatus, una cum venerabili etiam et circumspecto viro magistro Nicholao Michaelis, in eadem theologia bacalario formato, tunc dicte ecclesie fabricario, videlicet ad visitandum communem librariam dicte ecclesie, revolvendo libros et volumina eiusdem, eosdemque libros et volumina aptandum et ordinandum in pulpitris eiusdem librarie, iuxta eorum discretiones et prout congruentius vident esse faciendum. Ad que agenda et complenda cum vigilanter et curiose per dies plurimos intendissent, tandem de eisdem libris et voluminibus per pulpitra distributis et per ipsos ordinatis, prefati domini canonici ad premissa commissi et deputati fecerunt et in hec scripta redigerunt inventarium in modum qui sequitur. » — Cet inventaire renferme 238 volumes.

A la fin se trouve un procès-verbal des ravages commis par les protestants en 1562-1563 dans la ville et la cathédrale de Bayeux. (8 fol.)

XV° siècle. Parchemin. 117 feuillets. 300 sur 220 millim. Rel. cuir gaufré, aux armes du Chapitre.

200. I. Copie (incomplète) de l'inventaire précédent.

Cette copie a été faite en même temps que ledit inventaire et collationnée par les mêmes notaires. — Plusieurs feuillets, qui contenaient la fin de cet inventaire, ont été enlevés, entre le fol. 16 v° où se termine le quatrième chapitre et le fol. 17. — (Parchemin. 21 feuillets. 330 sur 240 millim.)

II. « Inventayre du cousteur de l'eglise de Baieux, dont le cousteur a la garde, appartenant a Jehan Fouques, de present serviteur dudict cousteur. »

Fol. 1. « Le inventayre des biens et choses... Icelluy fait et rendu par missire Jehan le Poulletier et Pierres Selle, prestre servant a l'office de cousteur, le xx° jour de juillet et aultres jours ensuivant, l'an mil IIII° IIII^xx et dix-huit, en la presence de venerables et circonspectes personnes, maistre Andrieu de Saint Just, chanoine de ladicte eglise, en la prebende de Sainct Martin et fabriquier pour cette année ; et maistre Louys le Beauvoisien, chanoine de Tanys, et maistre Jehan Botin, chanoine de Damvou... Auquel inventayre se comparut venerable et discrete personne maistre Jehan Vaultier, prestre grant cousteur de ladite eglise, et missire Jehan Vimart semblablement prestre, curey de Billy, et Pierres Dallet, serviteur dudit grand cousteur... » — (Papier. 5 feuillets. 290 sur 210 millim.)

XV° siècle. Couvert. parchemin, formée par une copie d'acte de vente du XV° siècle. — (Guérin.)

201. Varia.

I. Trois pièces concernant la dévastation de la cathédrale par les protestants. 1562-1572. — (Copies des XVI° et XVII° siècles. Papier. 18 feuillets.)

II. Établissement du droit de débite en 1080. — (Copie du XVII° siècle. 3 feuillets.)

III. « Chapelle de saint Léon fondée par Léon Conseil, chanoine.

1525. » — (Copie du XVIIe siècle. 2 feuillets, papier. 300 sur 175.)

IV. « Des dixmes. » — (Une pièce en parchemin et deux en papier. 8 feuillets, de 1636 à 1731.)

V. « Ville et banlieue de Bayeux. — Pensions et rentes dues sur les maisons du chapitre. » Copie de M. l'abbé Guérin. — (5 feuillets, papier.)

VI. « Nomination des députés aux états généraux de Tours, en 1651. » — (XVIIe siècle. Papier. 6 feuillets. 260 sur 160 millim.)

VII. Des Immunités ecclésiastiques. — Bulle du pape Alexandre IV et lettres patentes des rois de France et d'Angleterre en faveur des églises de Normandie et en particulier de l'église de Bayeux.

Charte de saint Louis, du mois de juillet 1265. — Lettres patentes de Charles VII en faveur de l'église et de la ville de Bayeux, après l'expulsion des Anglais.

Trois copies identiques de huit documents, sur le même sujet. L'une des copies est incomplète. Le premier document, qui est la bulle du pape Alexandre IV, est sans date; le second de 1265, et le dernier de 1440. — (XVIe siècle. Papier. 9, 8 et 10 feuillets.)

VIII. Fondation d'une chapellenie dans l'église de Notre-Dame de Paris. 1335. « Admortissement. — Bail. — Déclaration des terres de la ferme et seigneurie de Grisy, en Brye, appartenantes aux chapelains de la communauté de l'église de Paris. Minuta. » — XVIe siècle. Papier. (6 feuillets.)

IX. « Procès sur la juridiction entre monseigneur de Nesmond et le Chapitre. » — (2 pièces, papier.) 1° « Arrest du Grand Conseil. 1668. » (Imprimé in-4°, 14 pages.) — 2° Partie d'un factum manuscrit sur le même sujet. 1671. — (5 feuillets, papier.)

X. « Monitoire » en faveur des enfants de Guillaume Huë, sieur de Lignerolles, et Pierre Boyvin, bourgeois de Bayeux, héritiers de feu Charles le Gras, sieur de la Galeste. 1690. — (4 pièces, dont une imprimée.)

XI. « Aveu, rendu par le Chapitre en 1673, du fief noble de la Table Notre-Dame, situé à Bayeux et environs. » — (XVIIe siècle. Papier. 19 feuillets. 315 sur 210 millim.)

XII. « Déclaration du Doyen et du Chapitre... pour les réparations et réédifications des héritages de feu François Lavieille, situés dans la paroisse de Notre-Dame d'Elle, dont ledit Lavieille étoit fieffataire desdits sieurs du Chapitre. 2 mars 1733. » — (Parchemin. 10 feuillets. 250 sur 200 millim.)

XIII. « Autel du chœur de la cathédrale. 1770. » — « Marchés faits par M. l'abbé de Cugnac, concernant les autels de la cathédrale de Bayeux, et les dons de marbre faits par M. Carrey. » — (5 pièces, papier.) Première et deuxième : « Dons de marbre. » 4 feuillets. — Troisième : « Carpentier, doreur. » 2 feuillets. — Quatrième : « Caffiéry, cizeleur. » 2 feuillets. — Cinquième : « Adam, marbrier. » 2 feuillets.

XIV. « Manteau de chœur des chanoines de Bayeux, avant la Révolution de 1790. » — Deux pièces, papier. Coupe. — (Guérin.)

202. « Cartulaire des Hauts-vicaires, chapelains de la chapelle Saint-Martin de la Cathédrale. »

Les 26 premiers feuillets sont du XVII° siècle; au fol. 27 commence l'écriture du XV° siècle.

259 pièces, dont la 1re est du « 7 aoust 1640 » et la dernière du 17 avril 1406.

XV°, XVI° et XVII° siècle. Parchemin. 175 feuillets. 325 sur 240 millim. — (Guérin.)

203. Procès entre le Chapitre et les Hauts-vicaires de la Cathédrale.

24 liasses comprenant 167 pièces, en papier, réunies en un seul carton.

On y trouve de nombreux et très précieux extraits du *Livre Blanc*, du *Livre Noir*, etc. — Copies de pièces depuis le XIII° siècle jusqu'au XVIII°.

Ces copies ont été rédigées aux XVI°, XVII° et XVIII° siècles. (Guérin.)

204. Varia.

I. Fragment de cartulaire de Heuriers de la cathédrale, débutant par l'acte de fondation. (1462.) — XV° siècle. Parchemin. 15 feuillets. 350 sur 255 millim.

II. « Premier chapitre. Le compte du revenu de la chapelle de la Conception Nostre-Dame, fondée en l'église cathédrale Nostre-Dame de Bayeux, pour les douze Heuriers d'icelle église, par vénérables et discreptes personnes maistres Anthoine et Roland, dictz *de Talentis*, en leur vivant, prestres chanoines en ladicte église, faict et rendu par moy, Jehan Chardin, prestre, l'un d'iceulx Heuriers, recepveur et communier d'icelle chapelle, pour le terme saint Michel, mil cinq centz trente et finissant a semblable jour. » — « Deuxième chapitre. Compte rendu par le même, en 1531. » — « Troisième chapitre. Compte faict et rendu par moy Pierres Lecerf, prestre, en la décharge de Chérubin Vaultier, l'ung desdictz Heuriers… 1534. » — « Quatrième chapitre. Compte faict et rendu par moy, Marin P…, prestre, l'ung d'iceulx Heuriers 1535. » — « Cinquième chapitre. Compte rendu par Jacques D. » — « Sixième chapitre. Compte rendu par le même, en 1538. » — XVIᵉ siècle. Parchemin. 42 feuillets. 325 sur 225 millim. Rel. parchemin.

III. « Compte et estat du revenu, appartenant aux Heuriers… rendu par Nicolas Philippe, sieur de Grandchamp, communier. » (1685.) — Papier. 13 feuillets.

IV. « Compte et état de la recette et dépense du total du revenu de la chapelle Nostre-Dame de Bayeux… présenté par maistre Charles Édouard Boutemont, receveur et communier. 1728. » — Papier. 18 feuillets.

V. « État des fondations faites en la chapelle des Heuriers de l'église cathédrale… dont on connoît les fonds, et de ce qui a esté donné pour chacune d'icelles, et de ce qui subsiste encore à présent. Ledit état *dressé pour être pourvu à la réduction ou conservation d'icelles, selon qu'il sera trouvé juste et raisonnable.* 22 février 1738… » *Signé :* « Paul d'Albert de Luynes, évêque de Bayeux. Par Monseigneur. — Féret. » — Papier. 8 feuillets. (Guérin.)

205. « Le compte de la recepte et mesnagerie du temporel de Baieux appartenant a révérend père en Dieu, monseigneur Zanon, par la permission divine, évesque de Baieux, et de la mise faicte sur ycelle recepte et mesnagerie, pour le terme et temps de ung an, commenchan le jour saint Michiel en septembre, l'an de grâce mil IIIIᶜᶜᶜ XXX six, et finissan l'an revolud, c'est assavoir des baronnies de Saint Vigor le Grant, des Bois d'Elle, la Férie-Harenc, des fiefs et seigneuries de Port, Surhain, Yves, Ellon, Carquigny, Duxi, et de Jurques, des dixmes des forestz de Bur-le-Roy et de ailleurs et de aultres diesmes ; et avecques ce de aultres fiefs et terres appartenantes a moudict seigneur, a cause de son-dict eveschié… Icelluy compte rendu par R. Boiscel, prestre recepveur et mesnagié d'icelle recepte et mesnagerie, tant de grains, deniers, etc… »
— Finit : « Auditus et conclusus presens computus, una cum statu finali prescripto per nos Nicolaum Hermecent, vicarium generalem

reverendissimi in Christo patris et domini domini Zanoni, Dei gratia Baiocensis episcopi, presente Rolando de Talentis, secretario ejusdem domini
episcopi, die vicesima mensis jannuarii anno Domini M. CCCC°XXXVII^mo.
Ita est. » *Signé :* « Hermecent. — Rolandus. — Boissel. »

XV⁰ siècle. Papier. 128 feuillets. 300 sur 220 millim. Cartonné. —
(Guérin.)

206-208. Le « Livre Noir » de l'évêché de Bayeux. Le tome I ne
commence qu'au fol. 17 par les mots : « Baronnie de Douvre » et se
termine par une table, fort détaillée, faite en l'an 1658, et par six
feuillets de parchemin renfermant 13 chartes confirmatives de donations en faveur de l'église de Bayeux.

Tome I. En marge, se trouve le titre et la cote de chaque document. — Il y a 187 chartes ; la première est de l'an 1366 et la dernière de 1429, mais il y en a de 1070 et de 1489. — XV⁰ siècle.
Parchemin. 233 feuillets. 370 sur 280 millim. Rel. bois et cuir, semé
d'écussons aux armes de Louis d'Harcourt, patriarche de Jérusalem et
évêque de Bayeux, qui fit écrire les volumes du *Livre Noir.* L'écu, sur-
monté de la croix archiépiscopale, est de gueules à deux fasces d'or.
La couverture est garnie, de chaque côté, de cinq bouillons en
cuivre.

Tome II. 25 pages manquent au commencement et un grand nombre
à la fin, dont une partie a été brûlée lors des ravages des protestants,
en 1562. Fol. 1. Aveux. — Fol. 81. « Annotatio aliquorum casuum cer-
nentium auctoritatem et eminentiam episcopalis jurisdictionis Baiocensis, presertim de tempore Zanoni de Castilliono. » — Fol. 89.
Bulles du pape Eugène IV, adressées à Zanon de Castillon, évêque de
Bayeux, et à Martin Pinard, doyen du chapitre. — Fol. 91. « Fundatio
capelle de Bolon. 1281. » — Fol. 176. « De par le Roy, ce sont les
modérations et déclarations faictes sur le faict des finances, les acquès
fais par les gens et personnes non nobles. » — Fol. 185. « Aucuns
advertissemens pour le bien de ceste duchié de Normandie. » —
Fol. 205. Sur le concile de Bâle. — Fol. 244. « Ordonnances
faictes en l'eschiquier sur le fait des seaulx des justiciers de la duchié
de Normandie. — Des sergens. — Pour plaidier en eschiquier. — Ce
sont les sermens que doivent faire les advocas en chacun eschiquier et
au commencement d'icellui. — Enfans soubz aagés, etc... » —
Fol. 250 v°. « Aultres ordonnances faites en l'eschiquier de Normandie,

tenu à Rouen, au terme de Pasques, l'an de grâce mil IIIIe soixante deux. » — Fol. 256. « Aultres ordonnances faictes et instituées en l'eschiquier de Normandie, tenu à Rouen au terme saint Michiel, mil IIIIe LXVI. » — Fol. 258. « Advis fays en l'eschiquier, en l'an mil quatre cens soixante quatorze. » — Fol. 267. « Ordonnance faicte par le Roy, notre sire, sur le fait, gouvernement et régime des eaux et forests en son royaume... »

Un grand nombre de feuilles blanches ont été coupées, à l'intérieur du manuscrit, par les relieurs qui avaient acheté ces volumes ; cependant on n'a enlevé aucune feuille écrite. — A la fin se trouvent 7 feuillets renfermant des copies de chartes, du XVIe ou XVIIe siècle. — XVe et XVIe siècle. 282 feuillets. 200 pièces. 340 sur 250 millim. Cartonné.

Le tome III ne commence qu'au fol. x (la première pièce est sans date, mais doit être de 1457 ou 1458) par une supplique adressée au pape Pie II en faveur de Louis de Harcourt. — Réponses du Pape au roy de France, à Louis de Harcourt, au chapitre de Bayeux. — Bulles du pape Pie II, en faveur de Louis de Harcourt. — Sa translation de l'archevêché de Narbonne à l'évêché de Bayeux. — Il est honoré du titre de Patriarche de Jérusalem. — Son serment. — Lettres des rois de France en faveur du Patriarche et de son église de Bayeux. — Puis viennent une série d'aveux. — La date de la dernière pièce est enlevée, mais l'avant-dernière porte la date de 1379, 22 mai.

XVe siècle. Parchemin. Il y avait au moins 338 feuillets, mais il n'en reste plus que 249. 327 pièces. 385 sur 280 millim. Cartonné.

209. « *Livre Rouge* de Neuilly. »

En tête est écrit : « Cens et regars deubz a Nully, aux termes accoustumés. 1367. » — Fol. 13 : « Blés et regars en Nully et Ysigne, deubs ès termes accoustumés. 1363. » — Fol. 76. « Rentes de Airel. »

XIVe siècle. Parchemin. 88 feuillets. 370 sur 270 millim. Rel. parchemin. — (Guérin.)

210. « État des revenus de l'évêché de Bayeux, en 1763. »

XVIIIe siècle. Papier. 146 feuillets. 325 sur 210 millim. Rel. basane, portefeuille, fleurdelisé d'or. — (Guérin.)

211. « Le journal de la recepte des rentes et revenus appartenant à messieurs les doyen et chappitre de l'église Nostre-Dame de Baieux commençant le jour saint Michel l'an mil IIII^{cc} IIII^{xx} et traize. »

Page 276. « La recepte de la débite de l'eveschié de Baieux pour l'an 1494. »

> XVe siècle. Papier. 359 pages. 295 sur 220 millim. Rel. parchemin ; un côté manque.

212. Fragment de livre de compte du Chapitre, de 1522.

Fol. 1. « ...Et le roy nostre sire d'autre part... » — Finit : « Pierre Auber, valet selon le taux. 45 sols. »

> XVIe siècle. Parchemin. 33 feuillets. 465 sur 315 millim. Cartonné. — (Guérin.)

213. « Computus anni millesimi CCCCXXXIII, redditus per Johannem Michaelem, canonicum et communiarium ecclesie Boaiocensis. »

Fol. 1 v° « Cy ensuit la teneur de la commission de messeigneurs du chapitre de l'eglise Nostre-Dame de Baieux, par ensemble donnée à messire Jehan Michiel, grand cousteur et chanoine de ladicte eglise... 1433. »

Fol. 2. « Le compte de baronnie de l'eglise Nostre-Dame de Baieux faict et rendu par moy Jehan Michiel, chanoine de ladicte église, communier et recepveur d'icelle commune, tant en cens, dismes, grains, regards, pensions, débites, que en quelconques aultres rentes et faits, appartenans à ladicte commune... pour l'an mil CCCCXXXIII. »

Avec une copie de l' « extrait d'un aveu rendu au Roi par Zanon de Castillon, évêque de Bayeux, en l'année 1453 ».

> XVe siècle. Parchemin. 65 feuillets. 375 sur 340 millim. Rel. parchemin.

214. « Le compte de la fabrique de l'église cathédrale Nostre Dame de Bayeux fait par moy Paul Amyl, prestre, chanoine et fabriquier de ladicte église, commançant le tiers jour de febvrier mil IIII^{cc} IIII^{xx} et deulx, et finissant le tiers jour dudit moys, an révolu et jour exclud. »

Sur la couverture on lit : « Les comptes de messieurs de Coulombières et de Danvou, touchant l'estat de la fabrique. » A la fin se trouve une feuille manuscrite de Jean Petite renfermant des notes historiques sur la cathédrale de Bayeux.

XV⁰ siècle. Parchemin. 134 pages. 320 sur 235 millim. Rel. bois et parchemin, avec deux fermoirs en cuir garni de cuivre.

215. Fragment de livre de comptes de l'église de Bayeux.

Fol. 1. « Sur les hoirs Henry Lecave, qui fait par an 40 sols de la fondation Nicolas du Bosc [évêque de Bayeux]... » Finit : « ...anno Domini M CCCC᷃ᵐᵒ octogesimo octavo, die xvii⁰ mensis septembris. » Signé : « Pohier. »

XV⁰ siècle. Parchemin. 10 feuillets. 360 sur 260 millim. Rel. parchemin. — (Guérin.)

216. « Le compte de la Commune de l'église Nostre-Dame de Baieux, fait et rendu par moy Jehan Félise, chanoine et communier de ladicte église... pour l'an M CCCC IIIIˣˣ XVIII. »

XV⁰ siècle. Parchemin. 84 feuillets. 360 sur 270 millim. Rel. parchemin.

217. Comptes divers.

I. « Compte du revenu de la fabrique de l'église cathédrale Nostre-Dame de Bayeux, contenant la recepte et la dépense que rend à messieurs du vénérable chapitre de Bayeux, noble homme Charles Radulphe, prestre, bachelier en théologie, chanoine de Damvou, en ladite église... 3 février 1726, au même jour 1727. » — (XVIII⁰ siècle. Papier. 12 feuillets. 330 sur 210 millim.)

II. « Compte de 1728 à 1729. » — (13 feuillets. Papier.)

III. « Compte de la sacristie commune de l'église cathédrale... que rend M⁰ René Le Sueur, prêtre chapelain en ladite église, commis à l'office de sacristain. » 1750-1751. — (Papier. 9 feuillets.)

IV. « Compte de 1753 à 1754. » — (Papier. 8 feuillets.)

V. Trois Quatuor, dont deux rendues par « Richard Gosset, prestre chanoine de Saint Jean, en l'église cathédrale, communier receveur de messieurs du Chapitre. La première pour les mois de juillet, août et septembre; la deuxième pour les mois d'octobre, novembre et décembre 1762. » — La troisième intitulée : « Quatrième Quatuor, rendue par Clément François Jahiet, prêtre chanoine de Merville... Juillet, août et septembre 1766. » — (Parchemin. 3 feuillets. 490 sur 320; 425 sur 295 et 510 sur 365 millim.)

VI. « Mémoire des messes de fondation, acquittés dans la sacristie commune... Octobre, novembre et décembre 1765. » — (Papier. 1 feuillet.)

VII. « Comptes que rend M⁰ Jahiet, chanoine, communier du Chapitre. 1764-1765. » — (Papier. 28 feuillets. 360 sur 240 millim.)

VIII. « Compte du trésor, 1782, rendu à messieurs du Chapitre par noble homme Eustache Philippe Alexandre Le Sueur Desfresnes, grand chantre et chanoine, garde des clefs du trésor, conjointement avec Mr Regnault, chanoine de Saint Germain. »

IX. « Compte de Trésor. 1783. »

X. « Compte du trésor. 1784. » — (Parchemin. 3 feuillets. 305 sur 225 millim.)

XI. « Article des chapelains pour l'acquit des messes de leurs chapelles ; lesdittes chapelles qui sont au nombre de quatorze. » — (Papier. 2 feuillets. 280 sur 160 millim. — Guérin.)

218-223 « Registre ou journal de la recepte du total revenu de l'églize cathedralle Nostre-Dame de Bayeux, tant en spirituel que temporel pour six ans, commançant au jour sainct Michel mil six cents cinquante et trois, et finissant à pareil jour mil six cents cinquante et neuf, faicte par noble personne, maistre Pierre Bernier, prestre, chanoine de Castillon en ladicte églize, recepveur dudict revenu. » — (465 feuillets. 390 sur 265 millim. Rel. parchemin.)

Tome II. De 1698 à 1701. « Recette faite par Nicolas Philippe, sieur de Grandchamp. » — (218 feuillets. 372 sur 230 millim. Rel. parch. Cartonné.)

Tome III. « Recette » par le même. « 1701 à 1704. » — (231 feuillets. 287 sur 230 millim. Rel. parchemin. Cartonné.)

Tome IV. « Recette » par le même. « 1707 à 1710. » — (531 feuillets. 385 sur 245 millim. Rel. parchemin. Cartonné.)

Tome V. « Recette faitte par M⁰ Jean Le Vanier, advocat, receveur dudit revenu. » — (286 feuillets. 370 sur 235 millim. Cartonné.)

Tome VI. « Recette faitte par noble et discrette personne, Clément François Jahiet... 1764 à 1773. » — (498 pages. 370 sur 240 millim. Rel. parchemin. Cartonné.)

224-226. Délibérations du Chapitre.

Tome I. 1° « Extrait d'aucuns articles des conclusions du vénérable chapitre de Bayeux. » Abrégé et analyse des délibérations capitulaires. — XVIII° siècle. Papier. 44 pages. 268 sur 160 millim. Broché.

2° « Statuts et règlements du Chapitre. » — Trois pièces. La première commence : « Omnes dignitates et canonici aliique de choro... 1568. » — Finit : « En février 1751, sub poena. » (XVIII° siècle. Papier. 8 feuillets. 380 sur 250 millim.) — La deuxième pièce, qui est un extrait de Cérémonial ou coutumier, commence : « L'on doit faire une petite pose après le dernier coup de cloche, avant que de commencer l'office... 1558. » — Finit : « ...les chapelains qui sortent du chœur et musiciens, à 5 sols d'amende. 25 juillet 1649. » (XVIII° siècle. Papier. 8 feuillets. 310 sur 200 millim.) — La troisième pièce renferme les « Statuts de l'église cathédrale de Nostre Dame de Bayeux, renouvelés et publiés aux chapitres généraux des années 1678 et 1679 ». (XVIII° siècle. Papier. 6 feuillets. 310 sur 200 millim.) — Guérin.

Tome II. « Chapitres généraux, commençans en l'année 1658 et finissans en l'année 1680. » — XVII° siècle. Papier. 231 feuillets. 310 sur 188 millim. — Guérin.

Tome III. « Februarius. 1734. Le présent registre pour les conclusions des chapitres généraux du vénérable chapitre de l'église cathédrale de Bayeux, signé sur chaque feuille... par nous Bernard de Campagne, chantre en ladite église, et Pierre Tôtain, ancien chanoine... » — Finit : « 1780. » (XVIII° siècle. Papier. 596 pages. 335 sur 205 millim. Rel. parchemin. Cartonné.) — Guérin.

227. « Arrêt de Louis XIII, sur le différent entre messire Jacques d'Angenne, conseiller du Roy en ses Conseils d'estat et privé, evesque de Bayeux, demandeur en exécution des arrests de la cour du Parlement, de 1566, 1579, 1580, 1607 et 1615, à ce qu'il soit procédé au réglement de la forest du Bois-d'Elle, dépendante dudict evesché, de ses prétendantz droictz d'usage en icelle et défendeur d'une part ; et les doyen, chanoines et chappitre de l'églize cathédral de Baieux de leur part, demandeurs et requérants l'exécution desdicts arrests, et ce faisant estre maintenus définitivement aux droictz par eulx prétendus en ladicte forest, et leur estre faict délivrance par chacun an, assavoir, pour chacune des dignitez, de 36 chartées de bois pour leur chauffage, et pour chacun chanoine prébendé, actuellement résidens audict eves-

ché, 24 chartées de bois avec tout le bois nécessaire pour les réparations de l'églize, dudict evesché et maisons canonialles qui en dépen-
dent, d'autre part ; et les hommes et tenans fiefs nobles de sergenteries
fieffées, et autres tenanz masures, tenementz et aisnesses, deppen-
dantes de ladicte baronnie, aussi demandeurs, affin d'estre maintenus
ès droictz par eux prétendus en ladicte forest pour y avoir et prendre
bois pour leur chauffage et admesnagement, pasnage et pasturage pour
leurs bestiaux, encore d'autre part... 13 avril 1619. »

> XVIIᵉ siècle. Parchemin. 31 feuillets. 300 sur 235 millim. Rel. par-
> chemin. — (Guérin.)

228. Recueil.

I. « Supplication d'aulcuns bons personnages des universitez et cler-
gez de France à ce qu'il plaise à nostre saint père le pape pourveoir
aux inconvéniens qui menacent l'églize Gallicane d'une prochaine
ruyne... » — (XVIᵉ siècle. Papier. 10 feuillets. 353 sur 222 millim.)

II. Composition entre Guillaume, évêque d'Angoulême, d'une part,
et Pierre Le Magnan, chanoine, procureur de Archambaud du Val,
doyen, et du chapitre, et Arnauld de Ruppe, archidiacre, touchant la
jurisdiction épiscopale et capitulaire. 1408. — (Copie du XVIIᵉ siècle.
Papier. 14 feuillets. 285 sur 215 millim.)

III. « Copie des pièces de l'accord fait entre Jacques Babou, évêque
d'Angoulême, et le chapitre, touchant les différents meus, du temps de
l'évesque son prédécesseur. » — « Arrest du Parlement de Paris, portant l'omologation dudict concordat. »

> XVIIᵉ siècle. Papier. 30 feuillets. 285 sur 200 millim. — (Guérin.)

229. « Visites de Th. Taron, archidiacre des Vez. » — « Doienné de
Trévières. »

Le nom du curé ou du vicaire desservant est indiqué pour chaque
paroisse.

> XVIIᵉ siècle. Papier. 90 feuillets. 265 sur 162 millim. Cartonné.

230. « Visites de messire Viel, archidiacre des Vez. »

Le nom du curé est indiqué pour chaque paroisse.

> XVIIIᵉ siècle. Papier. 22 feuillets. 245 sur 190 millim. Cartonné.

231. Recueil.

I. « Livre de recette des revenus du canonicat de Cully, pour

M. l'abbé de Lassale, chanoine dudit lieu. » — Fol. 1. « Journal de recette faite par M. l'abbé Renauld, chanoine de Saint-Germain, chargé de la procuration de M. de Lassale... » 1782-1790.

En reprenant le registre par la fin : « Journal de la dépense du re-« venu du Canonicat. » 1781-1791. — (XVIIIᵉ siècle. Papier. 32 feuillets, dont 5 seulement sont écrits. 300 sur 185 millim. Cartonné.)

II. « Procès-verbal des réparations et reconstructions à faire au chœur et chancel de l'église de la paroisse de Comme, ainsi que de la grange de dixme, chœur, et chancel de Sommervieu... 1784. » — (XVIIIᵉ siècle. Papier. 6 feuillets. 235 sur 180 millim.)

III. « Clauses, prix et conditions auxquels messieurs du vénérable chapitre de l'église cathédrale de Bayeux ont donné commission à Pierre François Varin, bourgeois de Bayeux, de faire recette de tous les biens et revenus de leur manse commune. » 1785. — (XVIIIᵉ siècle. Papier. 4 feuillets. 235 sur 180 millim.)

IV. Reçu de du Bouissel, sous-chantre de l'église cathédrale de Bayeux. 1785. — (Guérin.)

232-301. Insinuations ecclésiastiques du diocèse de Bayeux.

232. Tome I. « Cinquième registre pour maistre Marin Canivet, escuyer, greffier en chef des insinuations de la vicomté de Baieux, auquel seront enregistrez les contractz et obligations de la quallité mentionnée en l'édict du Roy, faict au moys de may mil cinq centz cinquante troys, contremarqué... Compté le nombre de cent soixante et quatorze fiel-letz... par nous Philippe Blondel, lieutenant de monsieur le bailly de Caen, en la vicomté dudict Bayeux, et Denys Le Barbey, procureur pour le Roy, en icelle vicomté. » — (174 feuillets. 410 sur 300 millim.)

233. Tome II. 1643 à 1645. — (256 feuillets.)

234. Tome III. 1657 à 1660. — (275 feuillets.)

235. Tome IV. 1660 à 1665. — (281 feuillets.) — Ce registre porte le titre suivant : « Registre quinzième du greffe royal et hérédital des insinuations ecclésiastiques du diocèse de Bayeux. »

236. Tome V. 1665 à 1668. — (294 feuillets.)

237. Tome VI. 1668 à 1673. — (274 feuillets.)

238. Tome VII. 1673 à 1680. — (254 feuillets.)

239. Tome VIII. 1680 à 1687. — (306 feuillets.)

240. Tome IX. 1687 à 1692. — (187 feuillets.)

241. Tome X. 1692 à 1693. — (300 feuillets.)

242. Tome XI. 1693 à 1695. — (299 feuillets.)
243. Tome XII. 1695 à 1696. — (301 feuillets.)
244. Tome XIII. 1698 à 1699. — (300 feuillets.)
245. Tome XIV. 1699 à 1701. — (297 feuillets.)
246. Tome XV. 1701 à 1703. — (289 feuillets.)
247. Tome XVI. 1703 à 1706. — (300 feuillets.)
248. Tome XVII. 1706 à 1708. — (300 feuillets.)
249. Tome XVIII. 1708 à 1710. — (300 feuillets.)
250. Tome XIX. 1710 à 1713. — (300 feuillets.)
251. Tome XX. 1713 à 1716. — (300 feuillets.)
252. Tome XXI. 1716 à 1718. — (301 feuillets.)
253. Tome XXII. 1718 à 1720. — (350 feuillets.)
254. Tome XXIII. 1720 à 1722. — (301 feuillets.)
255. Tome XXIV. 1722 à 1724. — (303 feuillets.)
256. Tome XXV. 1724 à 1727. — (348 feuillets.)
257. Tome XXVI. 1727 à 1729. — (352 feuillets.)
258. Tome XXVII. 1729 à 1731. — (350 feuillets.) Table.
259. Tome XXVIII. 1731 à 1733. — (352 feuillets.)
260. Tome XXIX. 1733 à 1735. — (350 feuillets.)
261. Tome XXX. 1735 à 1736. — (350 feuillets.)
262. Tome XXXI. 1736 à 1738. — (348 feuillets.)
263. Tome XXXII. 1738 à 1739. — (351 feuillets.) Table.
264. Tome XXXIII. 1739 à 1740. — (350 feuillets.)
265. Tome XXXIV. 1741 à 1742. — (350 feuillets.)
266. Tome XXXV. 1742 à 1744. — (350 feuillets.)
267. Tome XXXVI. 1744 à 1745. — (350 feuillets.)
268. Tome XXXVII. 1745 à 1747. — (350 feuillets.)
269. Tome XXXVIII. 1747 à 1749. — (350 feuillets.)
270. Tome XXXIX. 1749 à 1751. — (350 feuillets.)
271. Tome XL. 1751 à 1753. — (350 feuillets.) Table.
272. Tome XLI. 1753 à 1754. — (350 feuillets.)
273. Tome XLII. 1754 à 1756. — (349 feuillets.) La fin manque.
274. Tome XLIII. 1756 à 1757. — (350 feuillets.)
275. Tome XLIV. 1757 à 1759. — (350 feuillets.)
276. Tome XLV. 1759 à 1760. — (350 feuillets.)
277. Tome XLVI. 1760 à 1762. — (350 feuillets.)
278. Tome XLVII. 1762 à 1764. — (350 feuillets.)
279. Tome XLVIII. 1764 à 1765. — (350 feuillets.)

280. Tome XLIX. 1765 à 1766. — (350 feuillets.)

281. Tome L. 1766 à 1767. — (350 feuillets.)

282. Tome LI. 1767 à 1768. — (350 feuillets.)

283. Tome LII. 1768 à 1770. — (350 feuillets.)

284. Tome LIII. 1770 à 1771. — (350 feuillets.)

285. Tome LIV. 1771 à 1772. — (350 feuillets.)

286. Tome LV. 1772 à 1773. — (348 feuillets.)

287. Tome LVI. 1773 à 1774. — (350 feuillets.)

288. Tome LVII. 1774 à 1775. — (350 feuillets.)

289. Tome LVIII. 1775 à 1776. — (348 feuillets.)

290. Tome LIX. 1776 à 1778. — (330 feuillets.)

291. Tome LX. 1778 à 1779. — (350 feuillets.)

292. Tome LXI. 1779 à 1780. — (350 feuillets.)

293. Tome LXII. 1780 à 1781. — (350 feuillets.)

294. Tome LXIII. 1781 à 1782. — (350 feuillets.)

295. Tome LXIV. 1782 à 1784. — (350 feuillets.)

296. Tome LXV. 1784 à 1785. — (350 feuillets.)

297. Tome LXVI. 1785 à 1786. — (350 feuillets.)

298. Tome LXVII. 1786 à 1788. — (350 feuillets.)

299. Tome LXVIII. 1788 à 1790. — (350 feuillets.)

300. Tome LXIX. 1790 au 10 mai 1791. — (111 feuillets écrits sur 350, trois feuillets de papier avec sceaux en cire rouge.)

301. Tome LXX. Table générale des volumes ci-dessus.

XVIe-XVIIIe siècle. Le premier volume en parchemin, les autres en papier. Mesure moyenne : 350 sur 230 millim. Rel. parchemin et cartonnés. — (Guérin.)

302-303. « Registre du secrétariat de l'évêché de Bayeux, contenant les collations et principales expéditions faites depuis la fin de l'année 1729 jusques et compris le mois de septembre 1744, sous le pontificat de Monseigneur d'Albert de Luynes, nommé à l'évêché de Bayeux, après la mort de Monseigneur François Armand de Lorraine, arrivée au mois de juin 1728, par moy Jacques Féret, prestre, chanoine de Pouligny, secrétaire de l'évêché. »

Tome II. Registre du secrétariat de l'évêché de Bayeux. Avec deux tables. 1764-1771.

XVIIIe siècle. Papier. 376 et 260 feuillets. 340 sur 215 et 360 sur 235 millim. Cart. parchemin. — (Guérin.)

304. Administration du diocèse de Bayeux.

Première liasse. 1593 à 1659. Divers. 3 pièces. Papier.

Deuxième liasse. Administration de Mgr de Nesmond, de 1671 à 1709. Autographes, sceaux et cachets. — 29 pièces, dont 12 en parchemin et 17 en papier. — La dernière pièce est la « Requête du curé de Fontenoy au roy de France. — Avertissement...

> « J'ose vous supplier, grand Roy,
> De vouloir bien penser à moy.
> Mon bénéfice est le plus mince
> Qui soit dans toute la province.
> Vous avez par votre valeur
> Immortalisé ma paroisse,
> Et les Anglois, avec angoisse,
> Se rappellent votre vigueur... » (235 vers.)

Troisième liasse. Administration de Mgr de Luynes. 1741 à 1750. — Autographes, etc. 1 pièce parchemin, 5 en papier.

Quatrième liasse. Administration de Mgr de Rochechouart. 1756-1776. — Autographes d'évêques ; sceaux et cachets. — 5 pièces en parchemin, 14 en papier.

Cinquième liasse. Administration de Mgr de Cheylus. 1777 à 1797. A remarquer dans cette liasse : 1°. « Lettre de Monsieur l'évêque de Bayeux à MM. les électeurs du département du Calvados. » 10 mars 1791. — 2°. « Instruction de Monseigneur de Coutances (Mgr de Talaru) sur la conduite à tenir relativement aux curés et autres ecclésiastiques qui ont adhéré au schisme. 10 février 1796. » — 3°. « Copie d'une lettre de Monseigneur de Conzié, archevêque de Tours, en réponse à Messieurs les curés et vicaires de Touraine, réfugiés en l'île de Gersey. » — 4°. « Vicarii generales diocesis Bajocensis clero hujusce diocesis salutem in Domino. — In calamitosis hisce temporum angustiis, non modicum, fratres charismi... — sic et ambuletis, ut abundetis magis. » — 5°. « Plan d'instruction pour les fidèles, donné par M. l'évêque de Bayeux aux ecclésiastiques de son diocèse, réfugiés en l'isle de Jersey. » — 6°. « L'église Gallicane au clergé de l'église de Paris, ou lettre de plusieurs administrateurs du diocèse, sur la conduite d'une partie des oratoires de Paris, relativement au serment de haine à la royauté et d'attachement à la constitution de l'an III... A Bruxelles. 1797. » — 7°. « Ordo ou directoire pour réciter le bréviaire monastique bénédictin, pour l'année 1793. » 21 feuillets. — (Papier. 152 sur 97 millim.)

Sixième liasse. Évêques constitutionnels. « François Bécherel, évêque de la Manche. 1792. » — « Robert Thomas Lindet, évêque de l'Eure. 1792. » — « Jacques André Simon Lefessier, évêque de l'Orne. 1792. » — « Claude Fauchet, évêque du Calvados. 1792. » — 17 pièces en papier, manuscrites et imprimées, parmi lesquelles on remarque : « Trois lettres ou avis, de Fauchet, aux fidèles de la ville de Bayeux. » — Une « Instruction patriotique aux fidèles citoyens du département du Calvados, par M. de Laprise, curé de Saint-Pierre de Caen ». — Un « extrait du registre des délibérations de la commission des arts du district de Bayeux ». 1794. Copié par M. l'abbé Guérin.

Septième liasse. 1°. « Inventaire des effets mobiliers de l'église cathédrale. » Le vendredy dix sept thermidor an onze (cinq aoust mil huit cent trois). » — Signé : « Vimont, Renauld, Le Moussu, Bricqueville. » Puis au bas du fol. 4 v° : « Et mémoire par addition à l'inventaire du mobilier de la sacristie de la cathédrale, dressé par M. l'évêque, le 17 thermidor an XI. » — 2°. Autre exemplaire du précédent inventaire. — (Guérin.)

305. « Collection d'actes de décès (surtout) d'ecclésiastiques décédés soit à Jersey, soit à Westminster, soit à Londres ou autres lieux d'Angleterre, et de beaucoup d'autres pièces constatant les baptêmes, mariages, dispenses, ondoyements, etc., etc. ; faits et accordés pendant la persécution française par Monseigneur de Cheylus et son grand vicaire, M. l'abbé Chrétien. »

Cette collection est très-précieuse pour l'histoire de l'émigration.

XVIII° siècle. Papier. 6 cahiers. 0 liasses. 4 tables.

306. Recueil de « Pièces relatives aux difficultés qui ont eu lieu entre le Souverain Pontife et le gouvernement français, depuis le commencement du mois de février 1808, jusqu'au 17 juin suivant ». — (Papier. 53 feuillets.)

Avec : 1°. Un recueil de lettres de Pie VII.

2°. « Leçon IX° du livre, cui titulus : Catéchisme nouveau et raisonné à l'usage de tous les catholiques français. » — « Règles importantes de conduite... Je ne doute plus de l'impiété de la Constitution... » — Papier. — (Don de M. l'abbé Queillé, curé d'Auvillars.)

307. Administration du diocèse de Bayeux, sous Mgr Brault. (1801-1826.) Autographes, sceaux. — (1 pièce en parchemin ; 76 en papier.)

308. Recueil.

I. « Réflexions sur une brochure, imprimée en Angleterre, injurieuse à l'Église de France, pour détromper les personnes qu'elle aurait égarées. Arrogantia tua decepit te et superbia cordis tui. (Jerem., 49, v. 16.) » — « Dublin, 3 juillet 1809. » — Suivent les signatures. — (XIX* siècle. Papier. 30 pages. 250 sur 180 millim. Cartonné.)

II. « Notice historique sur l'abbé Moullaud, mort curé de Balleroy, et discours de cet ecclésiastique, après avoir sauvé la vie à Fourrey, en 1809 », « par l'abbé Bidot. — Michel Moullaud est né à Bayeux, en 1757... »

III. « Notice historique de la commune de Sainte-Marie-du-Mont. — Manche. » (Vers 1825.) — A la fin, un dessin, au crayon, de l'église paroissiale de Sainte-Marie-du-Mont. — (XIX* siècle. Papier. 19 feuillets. 200 sur 150 millim.)

IV. « Tombeaux de la Hogue, près Bénouville, canton de Douvres, arrondissement de Caen. — Objets découverts (1835-1839) par J.-J. Durand, curé de Benouville. » — (XIX* siècle. Papier. 24 pages. 205 sur 150 millim.)

V. Papiers divers de Mgr Duperrier, évêque de Bayeux (1824-1825). — (5 pièces, dont 2 en parchemin.)

VI. Papiers de Mgr Dancel, évêque de Bayeux (1827-1836).

1. « Généalogie Dancel, de la branche des St Jean de Tourville, près Cherbourg. » — (XVIII* siècle. Papier. 11 pages. 255 sur 200 millim.) (Guérin.)

2. Diplôme « d'associé correspondant de l'Académie royale des Sciences, Arts et Belles-Lettres de la ville de Caen, délivré à Monsieur Dancel, évêque de Bayeux, le 27 juin 1828 ». — Papier.

3. Diplôme de membre de la Société des antiquaires de Normandie, délivré à Mgr Dancel, le 27 décembre 1832. — Parchemin.

309. Notes historiques sur la cathédrale et le diocèse de Bayeux, par Mgr Thomine Desmasures.

XIX* siècle. Papier. 24 pièces.

310. « Mgr François de Nesmond, évêque de Bayeux, mort le 16 juin 1715, extrait de sa sépulture, le mardi 3 juillet 1855, à l'occasion des travaux exécutés à la tour centrale de la cathédrale de Bayeux. (Signé :) Panchet Bellerose. »

1° Vue du cercueil de plomb avant l'ouverture. — 2° Vue du cercueil ouvert.

Papier. 450 sur 415 millim. Renfermé dans un cadre d'ébène.

311. Inscription, à la mémoire de Jean Petite, gravée sur une plaque de cuivre, conservée à la bibliothèque du Chapitre.
Voy. p. 26-27.

XVII° siècle. Cuivre. 520 sur 380 millim. Encadré.

312. Recueil de plans.
1°. « Ancien plan de la cathédrale, envoyé à la bibliothèque du Chapitre, par Monseigneur Thomine Desmasures. 1869. » — (Papier végétal. 1ᵐ,150 sur 870 millim.)
2°. « Plan de l'église et cimetière Saint-Malo de Bayeux. » — (XVIII° siècle. Papier. 820 sur 530 millim.)
3°. « Plan du couvent de la Charité de Bayeux. » — (XVIII° siècle. Papier. 500 sur 540 millim.)
4°. Partie d'un projet de plan, probablement du monastère des Bénédictines de Bayeux. — (XIX° siècle. Papier. 510 sur 340 millim.)
5°. « Projet de plan de la chapelle de N.-D. de Grâce (près Honfleur). 1863. » — (Papier. 900 sur 340 millim.)
6°. « Plan de la forest de Neuilly. 1673. » — (Papier. 650 sur 600 millim.)
7°. « Plan de la forest de Neuilly. 1617. » — (Parchemin. 650 sur 600 millim.)

313. « Plan et description de la paroisse de Neuilly, appartenante et relevante de Monseigneur l'evesque de Bayeux, seigneur et baron de ladicte paroisse et autres lieux. »
Vers le haut du plan général se trouvent, à droite, « un plan de la forest de Neuilly », et à gauche les armes coloriées de Mgr de Rochechouart.

XVIII° siècle. Papier, collé sur toile. 1ᵐ,96 sur 1ᵐ,92.

314. « Plan terrier du domaine non fieffé de la châtellenie de Beaumont-le-Richarde (*sic*) en Bessin, élection de Bayeux, Basse-Normandie, appartenant à Monseigneur Moreau de Beaumont, conseiller d'État, intendant des finances ; scitué sur les parroisses de Beaumont, Englesqueville, Saint-Pierre-du-Mont, Deux-Jumeaux, Longueville, La Cambes et Criqueville... Dressé ce 3 8ᵇʳᵉ 1769, par nous Blancagnel le fils, architecte, arpenteur receu et ymmatriculé en la maitrise des eaux et forest de Bayeux. » — « Signé J. Blancagnel. »

XVIIIᵉ siècle. Papier, collé sur toile. 1ᵐ,86 sur 1ᵐ,58.

315. « Carte géométrique des villages de Port-en-Bessin sur Mer, et de Come, et dont l'explication va suivre ; levée et dessinée par nous Nicolas Antoine, géomètre, ancien arpenteur général pour le Roy, aux départements de Metz, actuellement soldat et professant son an au régiment de Montrevel ; achevé à Bayeux, l'onsieme janvier 1761. »

Très belle carte coloriée, représentant les villages avec leurs églises, leurs maisons, etc., de même que le port avec ses bateaux.

XVIIIᵉ siècle. Papier, collé sur toile. 1ᵐ,63 sur 1ᵐ,38.

316. « Plan topographique du fief, terre et seigneurie de Port-en-Bessin, appartenante à illustrissime et révérendissime seigneur Monseigneur Pierre-Jules-César de Rochechouart, évêque de Bayeux, levé en l'année 1776, par Pierre Broquet, géomètre-arpenteur. »
Avec les armes de Mgr de Rochechouart.

XVIIIᵉ siècle. Papier, collé sur toile. Colorié. 1ᵐ,42 sur 1ᵐ,27.

317. « Plan de la paroisse de Notre Dame d'Elle, fait par Bertrand de Rouxeville, l'année 1789. »

XVIIIᵉ siècle. Papier, collé sur toile. Colorié. 1ᵐ,69 sur 1ᵐ,24.

318. « Plan du cours des rivières de Taute, Vanloue, Lozon et Terrette, fluant dans les marais de Taute, près Carentan, avec le projet des ouvrages à faire, pour parvenir au desséchement des dits marais. »

XVIIIᵉ siècle. Papier, collé sur toile. Colorié. 1ᵐ,88 sur 0ᵐ,92.

319. « Plan et totale description de la paroisse de Saint-Vigor-le-Grand, fait par Briand, en 1749. »

XVIIIᵉ siècle. Papier, collé sur toile. Colorié. 1ᵐ,28 sur 0ᵐ,98.

320. « Plan de la ville de Bayeux, copié d'après un levé en 1784, et dans lequel on a marqué les édifices détruits depuis cette époque jusqu'en l'année 1821. »

Plan dressé par MM. Poisson et copie exécutée par M. Leforestier, architecte. (Accompagné d'une notice.)

XIX⁰ siècle. Papier végétal, collé sur papier fort. Colorié. 1ᵐ,05 sur 0ᵐ,70.

Plus une « Copie de la section A du plan cadastral de la ville de Bayeux ».

XIX⁰ siècle. Papier. Colorié. 1ᵐ,05 sur 0ᵐ,68.

TABLE SOMMAIRE DES MATIÈRES

Chroniques. — Histoire. — Opuscules historiques. — Noblesse. — Généalogies.
— Familles normandes . . . . Nᵒˢ 1-27

Droit canon. — Théologie. — Sermons. — Écriture sainte. — Saints Pères. —
Auteurs ecclésiastiques . . . . Nᵒˢ 28-60

Liturgie. — Missels. — Lectionnaires. — Bréviaires. — Livres d'Heures. — Anti-
phonaires, etc. — Rituels. — Cérémoniaux. . . . . Nᵒˢ 61-128

Varia . . . . Nᵒˢ 129-143

Obituaires. . . . . Nᵒˢ 144-153

Recueil sur S. Exupère, premier évêque de Bayeux. — Règle de S. Benoît. —
Règle de l'Oratoire. — Bullaire des Frères Mineurs. . . . . Nᵒˢ 154-157

Livres de comptes. — Recueils d'aveux. — Cartulaires. — Recueils sur différentes
paroisses et sur plusieurs établissements religieux de la ville de Bayeux. —
Pouillés du diocèse. . . . . Nᵒˢ 158-231

Insinuations ecclésiastiques du diocèse. . . . . Nᵒˢ 232-303

Administration du diocèse. . . . . Nᵒˢ 304-309

Plans et cartes . . . . Nᵒˢ 310-320

PARIS. — TYPOGRAPHIE DE E. PLON, NOURRIT ET Cⁱᵉ, RUE GARANCIÈRE, 8.